臨床医療ソーシャルワーク

山川哲也 著

誠信書房

はしがき

兵庫医科大学名誉教授
中島さつき

　ソーシャルワークが慈善的色彩の濃い日本の社会事業にとり入れられてから，50年近くなろうとしている。その間に社会福祉の制度も教育も進歩して，ソーシャルワークについて書かれた本が多く出版されている。医療ソーシャルワークはすぐれて実践智，実践学であり，実践なくしては成立しない。心理偏向だ，社会保障制度が先だと言う前に，もっと深くケースワークを学ぶべきだと思う。
　臨床の場では議論より先に，専門のソーシャルワーカーとしてクライエントに対応しなくてはならない。集団は個の集まりであり，個々のケースに専門的にかかわりあってこそ，問題解決のプロセスが生まれてくるのである。
　ソーシャルワーカーの本領は，クライエントとの人間関係の中で問題を発見し，ニーズを正しく読みとって具体的に支援していくことで，この過程が大切となる。わが国では，スーパーバイザー制度の未熟な状態の中で，ワーカー達は悩み，苦闘しつつ自らの実績を体系的にとらえて理論化しようと努力してきた。
　本著者の山川哲也氏は同志社大学の院生の時，日本に本格的ケースワークを導入したドロシー・デッソー先生の薫陶を受け，卒業と同時に九州厚生年金病院に就職された。全国で最初の医療社会事業部長として活躍，一昨年定年退職まで30数年間勤務された。一度も外国に留学されないのに，豊富な語学力を駆使して，原理・技法を学び，日常業務に取り入れて日本の医療ソーシャルワークを確立された功績は大きい。
　昭和45，6年頃，㈳日本医療社会事業協会が危機に遭遇した時，理事として福岡県ＭＳＷ協会長として，しばしば手弁当で九州から駆けつけて，理論的にも運営的にも助けて下さった恩義を忘れることができない。
　彼が若き日，ドロシー先生の診断学派的ソーシャルワークやスーパービジ

ョンを受けながら，ある時迷いが起こり，ふとデッソー先生の前で，「ケースワークは心理学と……」とつぶやいた。日本語を話さずいつも英語で話される先生が，耳ざとく，この学生のつぶやきを捕えられた。そして，"Sin ri gaku? No! Case work is casework！"とおっしゃったそうだ。それまで何となく，すっきりしなかった彼の気持ちはこの言葉でふっ切れた，との話を氏から何回か聞いて，よい師弟関係をうらやましく思った。

氏は日本の医療ソーシャルワークを推進するために，後進の育成に力をそそがれた。専門家としての倫理，けじめに厳しく，ともすればワーカー達の愚痴のこぼし合いに終りがちな研究会を，苦言を呈して引き締められた。学究肌のきびしい面と軽妙洒脱で心温かくやさしい面，専門家としての人柄を慕って，氏の下にはよいソーシャルワーカー達が集まってくる。

長年の仕事の累積の中から書き上げられたこの本の出版を，私は心から祝福する。誰にでもわかりやすく具体的に書かれているが，背後に著者の高いレベルの学識と経験が息づいている，香り高い本である。多くの方々の必読の書として推せんする次第である。

   1991年秋

まえがき

「社会福祉」という言葉は，「福祉」という言い方で独り歩きしている。しかも，内容を曖昧にしたままにある。

国語辞典を引くと，福祉という言葉は《幸せ》を意味すると書いてある。人の幸せを福祉の一語で表現しようとすれば，単なる一個人の幸せを自分自身で追求するのも「福祉」ということになる。

社会福祉という正しい言い方で，きちんと表現しなければ誤解のもとになる。「社会」という用語についても同じことが言える。もともと，社会とは，人と人との「つながり (connection)」を意味する概念である。

一方，社会という言葉を「合目的的社会集団 (association, Gesellschaft) としての国家」というように狭く理解する場合も少なくない。社会イコール国家と規定すれば，社会福祉は「国家が国の構成者である国民のために政策としてするもの」つまり「国家福祉」と理解されても不思議ではない。

わが国での社会福祉が，各人各様な使われ方がされる背景を明らかにするには，社会福祉という言葉に日本人が最初に触れるようになったいきさつを，もう一度考え直してみる必要性がある。社会福祉の用語と概念は，わが国の文化の中で熟成したものではなかった。その結果として，言葉だけが独り歩きすることになったという一面は否定できない。

社会福祉は「人の幸せ」を意味するが，この場合の「人」というのは，単なる個人ではない。他の個人との繋がりの中で生きている個人という意味である。個々の人だけの幸せならば，それは単なる個人福祉であって，社会福祉ではない。

以上のことから，社会福祉という言葉は，広義の意味では，人の不幸せに対する「人としての心構え」ということになる。これは，基本的には「ものの考え方」で，別な言い方をすれば哲学もしくは理念である。これらのことを含めて，概念の検討，吟味が曖昧なままに言葉が独り歩きしている現状は，問題として取り上げておく必要があると考える。

本書で明らかにしようとするテーマは，健康を損なって日常生活に支障が生じた人が，医療によって健康回復する際のソーシャルワークである。
　ソーシャルワークとは，理念としての社会福祉を実現するための方法論のことである。片かなでソーシャルワークと表記したのは，この言い方に代わる適当な日本語がなく，無理に日本語をつくるよりも，むしろ，片かなで表現した方が一番無難であると考えたからである。なお，従来からある医療社会事業という言い方も，旧いイメージから脱却することを目指して意図的に避けた。
　健康の回復は医療の第一目標である。キュア（治癒）は医療の一つの側面である。ただ，すべての疾患が治癒という目標に到達できるとは限らない。治癒という目的に到達できずに死の転帰を辿る場合もある。また，高齢社会の出現・疾病の診断技術の進歩によって，治癒に目標をおくことが困難になり，ケア（介護）に目標の比重を移さなければならないような現実も増えてきている。
　身体もしくは精神面に発現する病気というアクシデントは，人の日常的生活に大きな影響を与える。その結果，人の「不幸せ」の原因になることが多い。
　疾病という「人の不幸せ」のもとになる事態については，従来，医師・看護婦が中心になって対応してきた。一方，社会状況の変化にともない，医療業務内容も多様化してきた。この状況に対して適正に対応するためには，業務機能の分化が要請されるようになった。医療領域におけるソーシャルワーカーもこの要請にもとづくものである。
　医療を目的とした分野では，医師は患者に対する直接的な医療援助と同時に，経験的にではあるが日常的な間接援助面でも役割を果たしてきていた。したがって，ソーシャルワーカーは医療の目的を正しく理解し，医療担当者の期待を過不足なく評価して，適正に対応できる専門的知識と技能を身につける必要がある。
　残念ながら，ソーシャルワーカーの教育段階では，狭義の社会福祉の範囲にとどまっていて，医療目的に対応できる教育カリキュラムが未整備のままである。理科系の論理と先端科学が中心となって運営されている医療分野で，

どのようなソーシャルワーク援助が可能であるかという課題が残る。

　本書は，専門ソーシャルワークとしての「医療の分野におけるソーシャルワーク」について関心を持つ人，あるいは，医療領域でソーシャルワークの仕事につこうとする人を念頭において三十数年の経験をもとに書き下ろした。

　いささかでもお役に立てば幸いである。

　本書の執筆にあたっては，同僚として一緒に机を並べてきた九州厚生年金病院の主任ソーシャルワーカー鈴木道子先生，さらに精神科部長荒木冨士夫先生に教えられることが多かった。厚くお礼を申し上げます。

　なお本書の出版に際して，戦後の医療ソーシャルワークの確立と発展のために全身全霊を捧げられた兵庫医科大学名誉教授中島さつき先生に，思いも掛けず甚深な序文をいただいた。この道の先達としての中島先生が寄せてくださったご厚意に心から感謝いたします。また最後までお世話いただいた誠信書房の松山由理子様はじめ編集部の皆様に厚くお礼を申し上げます。

1991年10月

著　者

第 2 版まえがき

　ソーシャルワーカーが主体になって活動を展開する「一般ソーシャルワーク」とは異なり，医療ソーシャルワークは，医師が主体となって展開する医療の領域において，社会福祉の理念に基づくソーシャルワーク技法を効果的に駆使し，ソーシャルワーカーが医師による医療目的に関与することを目指す「専門ソーシャルワーク」である。

　したがって，医療場面におけるソーシャルワーカーには身分法はないにもかかわらず，診療協力職（co-medicals）の一員として位置付けされる。

　医療ソーシャルワーカーがソーシャルワーク援助を展開する医療の領域を規定する基本的法律に「医療法」があるが，今回，時代の必要性に対応できる医療体制を整備する目的で，医療法の改正が実施された。

　医療法の改正によって，医療ソーシャルワーカーの基本姿勢には変化はないにしても，医療ソーシャルワーカーがソーシャルワーク援助を展開するフィールドには大きな変化が発現した。

　医療の臨床場面で活動を展開するソーシャルワーカーが，的確なソーシャルワーク援助を展開するために，本書は，医療法の改正に焦点を合わせて書き改めた。

　臨床現場における医療ソーシャルワークへの理解を深めようとされる方には，医療法への正しい理解と共に，現場に即したソーシャルワーク援助を実践するために『臨床医療ソーシャルワーク・マニュアル』（誠信書房）の併読をお勧めする。

　なお本書の改訂に際し，バックアップしていただいた誠信書房の松山由理子様，長林伸生様はじめ編集部の皆様にお礼を申し上げます。

　　2000年2月

　　　　　　　　　　　　　　　　　　　　　　　　　　　　著　者

目次

はしがき　i
まえがき　iii
第2版まえがき　vi

第一部
ソーシャルワーク

1 社会福祉（Social welfare） ── 2

　広義のとらえかた　2
　狭義のとらえかた　3

2 ソーシャルワーク（Social work） ── 4

　理念，方法論，技法　4
　ケースワーク　5
　ソーシャルワークの理論的枠組　6
　ケースワークしないケースワーカー　7

3 ソーシャルワークの分野 ── 8

　第一次分野と第二次分野　8
　第二次分野におけるソーシャルワーク　9

4 ソーシャルワーカー ── 10

　ソーシャルワーカーの資格免許　10
　専門職業　11
　ソーシャルワーカーの基本条件　13

第二部
医　　療

5　ホメオスターシス ——————————————— 16

　　健康の回復　16
　　科学としての医療　16
　　ホメオスターシスの援助　17

6　チームワーク ——————————————————— 18

　　キュアとケア　18
　　コ・メディカルズ　19
　　コ・メディカルズの教育　21
　　チームワークの組織　22

7　医療法 ————————————————————————— 23

　　病院・診療所・療養型病床群　23
　　診療科名　24

8　疾　　患 ——————————————————————— 26

　　国際分類　26

9　ソーシャルワーカーと疾患知識 ——————— 27

　　心身医学　27
　　コンサルテーション・リエゾン精神医学　28
　　心身症　29
　　神経症　31
　　精神病　32
　　その他の精神的疾患　34

ソーシャルワーカーの疾病知識　35
　　　医学用語知識　38

第三部
医療領域のソーシャルワーク

10　わが国の現況───────────── 40

　　　政策論　40
　　　政策論派の限界　41
　　　社会福祉学　43
　　　ケースワーク，カウンセリング，精神療法　45
　　　専門ソーシャルワークと一般ソーシャルワーク　45

11　医療ソーシャルワーカーの課題──────── 47

　　　ソーシャルワーク教育　47
　　　社会福祉士法　49
　　　医療ソーシャルワーカーの身分法　50
　　　社会福祉士法および精神保健法の利用　52
　　　欧米のソーシャルワーク事情　53

12　ソーシャルワーカーと医療機関──────── 55

　　　ソーシャルワーカーが働く医療分野　55
　　　一般病院　57
　　　精神科領域の病院　60
　　　老人病院　63

13　援助手段としての法制度─────────── 66

　　　直接関連法，間接関連法　66
　　　社会保障関係法　66

健康保険　69
国民健康保険　71
船員保険　72
ソーシャルワーカーの援助手段としての医療保険　74
厚生年金保険　75
国民年金　76
厚生年金保険・国民年金の障害給付　77
老人保健制度　79
社会福祉関係法　79
生活保護法　80
児童福祉法　84
母子保健法　86
身体障害者福祉法　87
知的障害者福祉法　88
その他　88
公衆衛生関係法　89
精神保健及び精神障害者福祉に関する法律　90
結核予防法　91
社会資源としての法制度援助での留意点　92

第四部
ソーシャルワークの実際

14　ケースワーク関係　96

第三者的存在としてのソーシャルワーカー　96
ソーシャルワーカーの評価　97
第三者介入　98
ソーシャルワーカーのコ・メディカルズとしての役割　100

15　面接（interviewing）　102

面接の基本　102

秘密を絶対に守る　103
　　　問題は一つ一つ違う顔を持っている　106
　　　感情のカタルシスの場を設定する　107
　　　クライエントとの間に心理的距離を置く　108
　　　相手の話によく耳を傾け，理解する　111
　　　一般的価値基準を押し付けない　112
　　　クライエント自身に決めさせる　115

16　外来段階でのソーシャルワーク ─────────── 119

　　外来治療　119
　　経済的問題　119
　　家族的問題　120
　　個人的な特性にかかわる問題　122
　　　〈事例1　123〉
　　苦情の申出　125
　　患者に関する情報提供のための面接　126

17　入院段階でのソーシャルワーク ─────────── 131

　　入院治療　131
　　経済的問題　132
　　　〈事例2　132〉〈事例3　133〉〈事例4　134〉
　　緊急疾患による入院　136
　　　〈事例5　137〉
　　長期入院　139
　　キュア≧ケアが主となる入院　140
　　　〈事例6　151〉〈事例7　151〉
　　リハビリテーション　154
　　　〈事例8　155〉〈事例9　157〉〈事例10　163〉〈事例11　166〉
　　キュア≦ケアが主となる入院　168
　　身体的慢性疾患による入院　169
　　　〈事例12　170〉
　　精神的慢性疾患による入院　176

　　　　　ターミナル・ステージ期の入院　184
　　　　　　〈事例13　184〉

18　ソーシャルワーク実施上の留意点 ─────────── 193

　　　　　専門ソーシャルワーク　193
　　　　　第三者的存在としてのソーシャルワーカー　194
　　　　　ケースワーク援助　195
　　　　　専門用語　198
　　　　　他機関などへの紹介状　199
　　　　　入所施設の選択　200
　　　　　業務日誌　200
　　　　　ソーシャルワーク記録　201

付　録　医療ソーシャルワーカー業務指針 ─────────── 203

文　献　210
あとがき　211
ケースワーク援助要点索引　213
索　引　216
欧文索引　222

第一部

ソーシャルワーク

1 社会福祉 (Social welfare)

広義のとらえ方

　詳細な社会福祉についての学問的定義は，他の文献を参考にしていただくとして，ここでは社会福祉の意味を，単純に「すべての人の幸せ」というようにしておく。
　人はだれでも幸せになりたいと願っている。この願いにもかかわらず，人々の周囲には，幸せを妨げる要因になるものが数多くある。この幸せを妨げる要因は「三つのD」「五つの巨人」として示されている。

```
〔三つのD〕
    Destitution   （貧困，窮乏）
    Disease       （疾病）
    Delinquency   （非行）
〔五つの巨人〕
    Want          （困窮，貧困）
    Disease       （疾病）
    Squalor       （不潔）
    Ignorance     （無知，無学）
    Idleness      （怠惰）
```

　三つのD，五つの巨人であげた課題を取り扱う領域を整理すると，「行政を中心とする分野」「医療の分野」「教育の分野」「司法の分野」の四つにまとめることができる。
　これら四つの分野で行われる人の不幸せの要因を社会福祉の対象として規定すると，それは，広い意味での社会福祉ということになる。

狭義のとらえ方

上にあげた人の福祉を妨げる要因のうち、窮乏、困窮、貧困を中心に、日本国憲法第二十五条が示す「国の責務としての社会福祉」に焦点を絞ると、狭義の社会福祉のとらえ方になる。

参考までに日本国憲法第二十五条を示す。

> 第二十五条〔生存権、国の社会保障的義務〕
> ① すべて国民は、健康で文化的な最低限度の生活を営む権利を有する。
> ② 国は、すべての生活部面について、社会福祉、社会保障及び公衆衛生の向上及び増進に努めなければならない。

さて、昭和二十五年の社会保障審議会が発表した「社会保障制度に関する勧告」の一節、

「社会福祉とは、国家扶助を受けている者、身体障害者、児童、その他援護育成を要する者が、自立してその能力を発揮できるよう、必要な生活指導、更生補導、その他の援護育成を行うことをいうのである」

が、日本国憲法第二十五条の後段②にかかわる代表的な定義である。

この定義にもとづくと、社会福祉の対象は、次のように限定される。

- 生活保護法などの国家扶助を受けている者
- 身体障害者
- 児童
- 老人、婦人などの援護育成を要する者

したがって、狭義のとらえ方は、行政を中心にした分野に限定した視点ということになる。

2 ソーシャルワーク (Social work)

理念, 方法論, 技法

　一般に, 一つのことを具体的に実現しようとする時には, 体系的な論理構造が求められる。その体系は初めに理念もしくは哲学 (philosophy) が立てられ, 次に目標実現を具体化するものとして方法論 (methodology) が設定される。さらに, 具体的な対応の方法としての技術 (technique) が求められることになる。

　1．理念もしくは哲学 (philosophy)
　2．方法論 (methodology)
　3．技術 (technique) または技法 (art)

　ところで, 社会福祉を一つの立場から狭く規定するのではなく, 広く考えていけば, 社会福祉は人間が理想として設定する目標の一つである。つまり, 人はまず自分の幸せという人生論から出発するが, やがて, 自分を含めてすべての人の幸せという共通な「理念」もしくは「哲学」に到達する。
　次に, 一つの目標に焦点を定めてその実現をはかるためには「方法論」が必要になる。ソーシャルワークは, 社会福祉を実現するための方法論の大系を示す用語である。
　方法論には, 具体的な「技術」が含まれる。ソーシャルワークの場合, その援助対象がトータルとしての人であるから, 技術というよりも技法という方が妥当であろう。
　ソーシャルワークの技法には, 直接技法と間接技法がある。

> 〔直接技法〕
>   ケースワーク（social casework）
>   グループワーク（social group work）
>   コミュニティワーク（community work）
> 〔間接技法〕
>   ソーシャルワーク・リサーチ（social work research）など

　これらソーシャルワーク技法のうち，現実場面で最もよく使われる技法はケースワークである。

ケースワーク

　ところで，ケースワークについて数多くの定義があることはよく知られている。1922年のリッチモンド[1]の定義は有名であるが，リッチモンド以後にも多くの試みがなされている。
　1949年のバゥワーズ[2]の定義を，以下，原文で紹介する。

> Social casework is an art in which knowledge of the science of human relations and skill in relationship are used to mobilize capacities in the individual and resources in the community appropriate for better adjustment between the client and all or any part of his total environment.

　バゥワーズの定義を踏まえながらケースワークを考えてみると，ケースワーク援助の要点は次の三点にまとめることができる。

> 1．人間関係に関する学問（the science of human relations）と人間関係調整技能（skill in relationship）についての基礎的な知識が必要であること。
> 2．これらの知識をもとにして，クライエントが持っている個人的能力

> (capacities in the individual) とクライエントの周囲にある社会的資源 (resources in the community) の活用によって，問題解決の援助をするものであること。
> 3．クライエントとそのクライエントを取り巻く人間的および物理的環境のすべて，もしくは，その一部とのあいだで，よりよい適応をはかる，つまり環境調整 (environmental manipulation) を行うこと。

ソーシャルワークの理論的枠組

ソーシャルワークを支える理論的枠組 (theoretical framework) には，古典的には次の二つがあるとされている。

> 1．診断主義派（ニューヨーク学派）
>   diagnostic (Freudian) approach
> 2．機能主義派（ペンシルバニア学派）
>   functional (Rankian) approach

診断主義派はフロイトの自我 (ego) 理論，さらに，機能主義派はランクの意思 (will) 理論に拠っている。

二十世紀の初めにフロイト (Sigmund Freud) はマイヤー (Adolf Meyer) らの招きで，アメリカ各地を講演旅行した。当時，キリスト教から脱皮して新しい進路を模索していた慈善組織協会 (charity organization society, COS) のメンバーが，精神分析の技法を吸収して援助技法としてのケースワークを形成するのである。

広い意味での精神療法は，支持療法 (supportive therapies) と再建療法 (reconstructive therapies) に分けられる。再建療法はフロイトの精神分析，新フロイト派の精神分析さらにユング派・ランク派などの分析療法を総称した言い方である。支持的アプローチに含まれるソーシャルワーク技法は，これらの治療技法から大きく影響を受ける。

近年では行動主義理論も加わり，多彩になってきている。

ケースワークしないケースワーカー

昭和二十年の敗戦後，生活保護法が制定された。占領軍最高指令部(GHQ)は法の運営をケースワークにもとづいて行うように指示した。GHQ は機能主義のケースワークが法の運営に効果的であると考えていた。

ランクの意思療法（will therapy）に基盤を求める機能主義ケースワークでは，人は本来的に，今の状況よりも一段と飛躍したいという意思をもっている。ただ，人の周囲にはその意思を妨げるさまざまな条件があり，意思を伸ばすのに困難な状況が多い。したがって，フロイトのいうエゴの強化に拠るのではなく，条件・状況の改善もしくは調整をすることによって，人は自らの意思を伸ばすことができると考えるのである。

日常生活に困窮している人に生活保護法という法的援助を実施し，一日でも早い劣悪な状況からの脱却を目指すには，機能主義のケースワークは有効な手段であった。この場合，クライエントの意思を支える援助活用が必要であった。

しかし，ソーシャルワークについての基礎的知識は普及しなかった。福祉事務所の現業担当者は社会福祉事業法によって社会福祉主事と規定されたが，専門職ではなく一般行政職として採用された者が，講習を受講すれば認定されるという仕組みになっていた。したがって，援助技法についても経験的な技法でお茶を濁すという程度にとどまるというのが実情であった。

そのような訳で，福祉事務所で生活保護法の運用を担当する現業職員のことをケースワーカーと呼ぶ習慣だけが定着した。ケースワークは生活保護法にかかわる業務をさすものであり，生活保護法の担当者をケースワーカーとするという誤解が，世間一般に定着してしまったことは否定できない。

ソーシャルワーク援助のプロセスの中では，当然，相談をうけて対応するというアプローチが出てくるが，この援助技法についてもソーシャルワークの面接技法であるケースワークは出てこない。その代わりに心理学用語であるカウンセリングが安易に使われる。

これも，福祉事務所の職員の名称をケースワーカーと呼び，福祉事務所が行う業務のことをケースワークであるかのように錯覚させた，昭和二十年代の後遺症である。

ケースワークの基本的な考え方については，バイステック[3]の著書 *The Casework Relationship*（翻訳『ケースワークの原則』）が参考になる。

3 ソーシャルワークの分野

第一次分野と第二次分野

ソーシャルワークの技法を駆使してクライエント（要援助者）を援助する領域には，次の分野がある。

> 1．ソーシャルワーカーが主体になって，直接，援助する分野
> 2．他の専門家が主体となって行っている領域に，ソーシャルワーカーがソーシャルワークの専門家として参加・協力する分野

ソーシャルワーカーが主体になる分野を，ソーシャルワークの第一次分野という。ここでは，狭義の社会福祉のところで触れた対象者が援助の対象になる。社会的施設におけるソーシャルワークはその代表である。

ソーシャルワークの第一次分野は一般ソーシャルワーク（generic social work）という。

次に，人の不幸せの要因になっているものに対して，すでにその道の専門家が対応している領域があり，その領域に，ソーシャルワークの専門家としてのソーシャルワーカーが参加して協力する分野がある。これをソーシャルワークの第二次分野という。

この分野が，広義の社会福祉の項で触れた「医療」「教育」「司法」の各領域におけるソーシャルワークである。ソーシャルワークの第二次分野は専門ソーシャルワーク（specific social work）ともいう。

第二次分野におけるソーシャルワーク

　医療領域では医師，教育領域では教師，司法領域では法律家が人の福祉を妨げる要因に対応している。ソーシャルワーカーは，各領域の主体者が行う分野にソーシャルワークの専門的知識と技能を駆使して協力するのである。
　一般にみられる誤解の一つに，社会福祉実施の主体者はソーシャルワーカーだけである，といった独断と偏見がある。社会福祉という重荷を自分ひとりでかつげるという思い上がりが，その背景に見え隠れしている。
　また，わが国の行政機構についての認識不足が，判断を誤らせているという一面も無視できない。社会福祉行政を主管する省庁は厚生労働省であると決めてしまうのは，早計のそしりをまぬかれない。たしかに，狭義の社会福祉が示す範囲は厚生労働省の社会・援護局が主管する。だからといって，狭義の社会福祉だけが社会福祉のすべてではない。
　広義の社会福祉の中にでてくる「医療」を主管するのは，厚生労働省の医政局である。
　わが国の行政機構は，いわゆる縦割り機構になっている。これは各省庁の範囲にとどまらず，同じ省庁のなかでも各部課は縦割り機構になっている。厚生労働省の社会・援護局と医政局とは同じ厚生労働省であっても，行政機構としてはまったく別の組織体と考えた方が正しい。
　社会福祉士というライセンスの認定に際して，医療領域で働くソーシャルワーカーを排除したといういきさつは，このような背景があるからであって他の理由はない。
　教育は文部科学省，司法は法務省という具合に，大きく分かれている省庁は比較的に理解しやすい。しかし，同じ省庁のなかの部局ですら，縦割りの機能しか果たさないという事実から目をそむけてはならない。

4 ソーシャルワーカー

ソーシャルワーカーの資格免許

　言うまでもなく，ソーシャルワーカーは専門家（specialist）である。
　ただ，人の援助は誰にでもできるという側面があるのも事実である。医師の資格を持っていなくても，素人が医療まがいのことをすることもある。看護婦（士）の資格がなくても，ある程度の病人の介護は素人にもできる。教師の資格がなくても，教えることは素人にもできる。法律家の資格がなくても，法律家まがいのことを素人が言ったりすることもできる。
　医師，看護婦（士），学校教師，判事・検事・弁護士といった法律家には，一定のライセンスが与えられている。国が与えるライセンスには，そのライセンスを持っていなければ，例えば，医師と名乗ってはいけない，という条件がついたり，医師の免許がなければこれこれのことはできない，といった条件がつく。これを法律用語で「名称独占」「業務独占」という。
　ところで，ソーシャルワーカーについてのライセンスは，狭義の社会福祉業務にたずさわる者を対象にした「社会福祉士法」が成立した。しかし，これはソーシャルワーカーのすべてを包含するものではない。当時の厚生省は，高齢社会の出現にそなえる目的でこの法律をつくったのである。
　身分法ができなければ専門家として認められない，というのも一つの見解には違いない。だからといって，がむしゃらに身分法ばかりを追いかけ回しているのも主体性を疑われる結果にもなる。
　身分法は，人でいえば衣服のような側面がある。衣服を身にまとっていることが大事な要件の一つになることは，誰もが認める。だからといって，上等な衣服を身にまとっていることが人格が優れている証拠として，直接，結び付くものでもない。
　医療ソーシャルワーカーの資格免許を検討しようとすると，二つの問題点が残る。一つは，第二次分野のソーシャルワーカーの教育をどうするかであ

る。もう一つは，現に医療の分野でソーシャルワーク業務にたずさわっているソーシャルワーカーの意識をどう立ち直らせるかである。

専門職業

職業社会学によると，職業は一般職業と専門職業に大別される。英語で表記すれば occupation と profession である。また，ドイツ語では専門職業のことを Freiberuf という。これを翻訳すれば自由職業になる。「専門職業」も「自由職業」も同じ意味である。さらに，職業社会学では「職」と「業」とを区別するので専門職・自由職と専門業・自由業も区別されるが，これらは一般職業のなかに分類される。

エツィオーニ[4]は，ソーシャルワーカーを専門職業に含めている。

専門職業は major profession と minor profession とに分けられ，ソーシャルワーカーは後者に含まれる。major と minor との違いは，修業年限の長短による。六年以上の修業期間を必要とする医師，司法試験合格後に司法研修所での修学を必要とする法律家は major profession である。これに対して，修業年限が短いソーシャルワーカーは minor profession になる。専門職業は，人を部分としてではなく人そのものを対象とするので，倫理の問題がついてまわるという一般職業にはない特徴がある。

専門職業が一般職業と区別される特徴について，竹内愛二[5]は次の五つをあげている。

1．倫理的特徴
2．奉仕的特徴
3．専門的特徴
4．組織的特徴
5．自主・自営的特徴

ソーシャルワーカーが取り扱う対象は「人そのもの」である。ソーシャルワーク援助によって，クライエントは大きく影響を受ける。よいソーシャル

ワーク援助が受けられると建設的な方向性を獲得するが，援助をあやまると非建設的な生き方を学習することになる。人は自立して自主的に行動することに意義がある。しかし，善意だけの援助は依存心をたかめ，依存行動を定着させる危険性を内包する。

おおげさな言い方になるが，仮にソーシャルワーカーが特定の主義主張を持っていなかったとしても，個人的な世界観もしくは人生観を知らず知らずの間に相手に押し付けることがある。クライエントの主体性・自主性は絶対に守らなければならない。

絶対的にソーシャルワーカーに求められるのは中立性である。ニュートラルな立場の保持は，なかなか困難である。バイステックがケースワーク援助を行うに当たって，七つの原則を掲げて注意を喚起した理由もここにある。

ソーシャルワーカーが行うソーシャルワーク援助は「倫理的特徴」を本質的に背負うものなのである。

ギブ・アンド・テイクというのは，人間社会の原則である。しかし，ソーシャルワークではこの原則にとらわれている訳にはいかない。ソーシャルワーカーに求められるものは，ギブ・アンド・テイクを止揚（Aufheben）するものである。ギブ・アンド・テイクに代わる原則は「奉仕性」である。

奉仕は英語の service の訳語である。サービスは礼拝を意味する。

わが国はキリスト教文化の国ではなく，汎神論（pantheism）が主流である。キリスト教の「絶対神」と神の「創造物としての人」という概念は言葉としては理解できても，文化としては定着しにくい。したがって，サービスは物質的なギブ・アンド・ギブである，という俗説が幅をきかせることになる。

キリスト教では，神は日常生活の面でも現実的な存在として，生き方を規定する原理となる。そこでは，人と人との間でのギブ・アンド・テイクではなく，神と人との間でのギブ・アンド・テイクが成立する。この具体的行動は礼拝もしくは祈りという形を取る。

もし，わが国でサービスに対応できる言葉を探すと，東洋思想のなかに出てくる儒教の「仁」の概念が近い。

ソーシャルワークは善意があれば誰にでもできるといった誤解が根強く残

っている。たしかに，二十世紀の初頭までのキリスト教を動機とする charity（慈善事業），個人的な人生観もしくは世界観を動機とする philanthropy（博愛事業）の段階では，経験が大きな要素であった。わが国の社会事業でも同じことが言える。ただし，こちらは昭和二十年の敗戦までである。

　素人的な経験主義のレベルから脱却するためには，自らの専門性の確立が必須要件になる。「専門的特徴」および「組織的特徴」は，専門性の確立および専門性の向上のために必要な要件になる。

　最後の「自主・自営的特徴」は形としては崩れている。しかし，基本的な理念として存在するものである。したがって，形態上では有給専門職業というように規定されている。

　ところで，専門職業に対応しそうな日本語には聖職がある。この日本語は，日教組を中心とする進歩的文化人の反対によって日の目を見ることを憚るような言葉になってしまった。

　これらの紋切り型の発想から抜け出して，広い視野からソーシャルワークを検討する必要がある。

　専門職業の詳細については，エツィオーニ，竹内愛二の著作が参考になる。

ソーシャルワーカーの基本条件

　これらのことを踏まえて，ソーシャルワーカーとしての仕事を続けるに当たって必要な基本的条件に触れる。

1．人を正しく理解し，思いやることができる感受性があること
2．人間，とくに人間関係についての知識を十分に持つこと
3．人間関係を正しく扱うことができる鋭敏な感性を養うこと
4．人を扱う技能の訓練を常に欠かさないこと

　第一点の人を愛することは，ある意味では誰にでもできるようなものだが，人を正しく理解することは非常にむずかしい。しばしば，過剰同一化という伏兵が判断を誤らせることになるからである。

気の毒な人に「何かしてあげたい」「何かしてあげられる」という心情があっても，ソーシャルワークはできない。これだけの姿勢では，素人的態度の域にとどまるからである。

　専門的ソーシャルワークを行うためには，第二点以下の要件が必要になる。

　まず，中途半端な知識ではなく，体系的な知識，幅広い知識が必要である。

　また，技能の訓練は，自己学習だけでは不十分である。系統的なスーパービジョンが必要になる。

　ソーシャルワーカーとして基本的に必要な要件は，先入観にとらわれず，クライエントの問題の核心を正しく把握して，適正に対応できる柔軟な感受性が欠かせない。

　社会福祉を，なんの抵抗もなく「福祉」と省略して使う人の中には，心情的なセンチメンタリズムを拠り所にする人がいる。例えば，ハンディキャップをもつ人の気持ちは，同じ障害をもつ者がいちばんよくわかる，という人がいる。この論理によれば，貧困者に対応できるのは，現に貧困な人でなければならなくなる。医療の例でいえば，幼児の病気は幼児の医師しか治せないという理屈になってしまう。

　いずれにしても，ソーシャルワークの専門家になるには単なるセンチメンタリズムではなく，どのような立場にある人の前でも，いま必要としている状況を的確に判断し，適正に対応できる科学的知識が要請される。そのためにも人一倍の努力が要請される。

　また，人への援助活動を行う際には，多くの精神的なエネルギーを消費する。このエネルギーをどのようにして補給するかという課題は，ソーシャルワーカー自身に向けられる大きな宿題である。

　これらのことは，ソーシャルワーカーの身分制度ができあがっても，変わらない基本的な事柄である。

第二部
医　　療

5 ホメオスターシス

健康の回復

人が病気になったときの行動には，大まかに三つのパターンがある。

> 1．無理を避けて自然回復を待つ。
> 2．病気についての知識をもとに，民間療法・売薬などの力を利用して健康の回復をはかる。
> 3．医療の専門家である医師に相談する。

人の医療に対する関心は，人の歴史とともに古い。

ここで，健康の管理と回復について人はどのように対処してきたか，医療の歴史について少しばかり振り返ってみよう。

初めの頃，病気は悪魔・悪霊の仕業と考えられていた。悪魔・悪霊に対抗できるものは宗教しかなかった。当時の医療の中心は，まじないを含む宗教的儀式であった。

この風潮は，現代でも形をかえて根強く残っている。漢方薬・生薬，民間療法に対する信仰，新興宗教の現世利益への依存などの風潮には，論理を超えた古代宗教的ニュアンスが認められる。

科学としての医療

宗教もしくは経験をもとにした医療に科学の灯が当たるのは，ギリシャの時代である。

ヒポクラテス（Hippocrates, B.C. 460-377）以後，科学としての医学が，医療の方向性を確実にすることになる。ヒポクラテスは医学の祖と言われている。

この時期にヒポクラテスが強調したのは，現在でも重視されている食事療法の考え方であった。ヒポクラテスは，薬物に頼るよりも，毎日，摂取する食事に着目し，バランスよく食物を摂ることの必要性を指摘した。
　薬物の薬理作用が科学的な裏づけを獲得するのは，もっと後である。
　十八世紀から十九世紀にかかると，光学機器が発達する。病理学者ウィルヒョウ（Rudolf Virchow, 1821-1902）は，病気の原因の一つが「細胞の病変」によるものであることを明らかにした。このことが契機となって科学としての近代医学が急速な発展を遂げ，体系化が成立する。
　二十世紀にはいると，アメリカの生理学者キャノン（Walter Bradford Cannon, 1871-1945）が生体はつねに一定の状態を保とうとする自己調節機能を持っていることを明らかにした。
　キャノンは，生体が持っている自己調節機能をシステムとしてとらえ《ホメオスターシス(homeostasis)[6]》と名付けた。ホメオとは生体，スターシスとは一定に保つ，つまり「生体における恒常性」を示す概念である。ホメオスターシスの働きは，気温が上がって暑くなると汗をかいて体温を調節する，小さな傷は特別に何もしなくても自然に治ってしまう，といった日常的経験によってもよく知られている。
　ホメオスターシスという言い方はドイツ語ふうな呼び方で，英語ふうな言い方をすればホメオステイシスになる。また，わが国では「自然治癒力」もしくは「自然回復力」という。

ホメオスターシスの援助

　医療を考えていく際には，基本的に医学のホメオスターシスを中核に置いて考えを進めることが大事である。医療という健康回復のための行為は，世間で安易に信じられている「医師が病気を治す」「くすりが病気を治す」といったメカニズムに立脚するものではない。
　健康回復の主体になるのは，患者自身のホメオスターシスである。
　本来，生体が持っているホメオスターシスへの効率的かつ効果的な援助に，医師の医学知識・医学的処置や薬物投与などが重要な役割を果たすのである。

「くすり」と呼ばれているものは，もともと生体からすれば「毒物」である。生体に病変が生じたときには毒物を投与する。侵入してきた毒物に対してホメオスターシスが活動を始める。病変した部分への「毒物」の効果は「くすり」としての評価を得る。同時に，病変が認められない部分へも「毒物」としての影響が出てくる。前者を「薬の作用」といい，後者を「薬の副作用」と言う。医師は病変した身体の部分を医学知識にもとづいて診断し，効果的な処置を考える。薬物を治療の手段として使用する場合に，医師は「薬の副作用」について，当然，配慮をする。

　世間一般には，副作用がない薬が良い薬であるという考え方がある。しかし，薬物は本来「毒」である。「毒」を「薬」として利用するというのが薬物療法の考え方である。この視点を忘れなければ，副作用を生体に起こさないものは，「薬」としての役割も果たせないことに気がつくはずである。

　医学や薬理学が科学的専門分野であることが，しばしば無視されることもある。その結果，医師を病気を治す「まじない師」として見ていたり，薬物の効果を過大もしくは過少に評価したりする。

　結論的にいえば，医療とは生体のホメオスターシスの働きをさまざまな科学が援助する体系なのである。

6 チームワーク

キュアとケア

　医療を実施する医療機関の規模の大小によって差異はあるが，医療は複数のスタッフによって行われる。このことは一般にチームワークと呼ばれている。

　医療機関は，基本的にはキュアを目標とする医師とケアを目標とする看護スタッフが中心になって運営される。医療機関の規模が大きくなると，この他にコ・メディカル・スタッフが加わる。

　キュアはcureを片かなで表わした医学用語で，病気が治ることを意味す

る。専門用語では「治癒」という。

　一口に治るといっても，完全に元の状態に戻ることを意味する「完全治癒」のほかに，何等かの欠損状態を残したままに治る「欠損治癒」，再発の可能性を残したままで治ったという意味の「寛解」がある。寛解は片かなでレミッション（remission）と表現することがある。さらに，治癒にほとんど近い状態の寛解のことを，とくに「完全寛解」という。

　医学はキュアを目指す科学である。

　一方，医療の過程の中で出てくるものにケア（care）がある。看護または介護などの言い方をするが，要するに「世話をする」ことである。広い意味では「世話してもらうことが必要な対象者へのすべての援助」を意味する。しかし，ここでのケアの対象は病人である。

　病気なりけがをして医療機関を受診する際には，何らかの形でケアという医療援助を受けることになる。

　こんにちの医療では，俗に難病といわれる特定疾患・癌などの悪性腫瘍といった「診断はつくが治療が困難な疾患」「寛解が治療目標となる疾患」が多くなる傾向が認められる。その結果，ケアへの比重が増えてくる。

　以前は，畳の上で死ぬというのが一般的であった。今では，医療機関で医療の手当てを受けた後に，そこで一生を終わるというのが一般的なパターンになってきた。

　今，臨死期（terminal stage）のケアが，医療上の独立した課題の一つになってきている。これは，ターミナル・ケアともいう。

コ・メディカルズ

　医療を推進するスタッフの中に，もう一つの専門職種のグループがある。診療協力部門という漢字よりもコ・メディカルズ（co-medicals）という片かなで使われることが多い。パラ・メディカルズ（para-medicals）という言い方もあるが，今では，コ・メディカルズという言い方が多く使われる。

　para の語源は beside である。co は with を意味する。したがって，パラ・メディカルズに日本語を当てると「診療補助職種」となる。専門知識と専門

技法をもった複数の職種の者がチームを組んで，協力しながら一つの課題に対応するという視点に立てば「診療協力職種」を意味するコ・メディカルズという言い方のほうがいい。

　診療協力部門に含まれる職種には，理系に属する化学・物理学・栄養学・人間工学・機械工学など，また，文系に属する心理学（応用心理学としての臨床心理学）・社会学（応用社会学としてのソーシャルワーク学）などを専攻した者が担当する領域がある。わが国では耳にすることは少ないが，英語圏ではコ・メディカルズを二つに分けている。

```
    co-medicals（診療協力職）
      co-medical professionals（診療協力専門職）
      co-medical technicians（診療協力技術職）
```

　規模の大きい病院に配属されているコ・メディカルズを，すこし具体的に羅列してみよう。

```
  〔検査部門〕
      生化学担当技師
      生体電気担当技師（心電図，脳波，エコーなど）
      細菌担当技師
      病理検査担当技師
  〔放射線部門〕
      放射線診断担当技師（エックス線，CT，MRIなど）
      放射線治療担当技師（コバルトなど）
  〔食事療法部門〕
      栄養士
  〔リハビリテーション部門〕
      理学療法士（physical therapist, PT）
      作業療法士（occupational therapist, OT）
      言語聴覚士（speech therapist, ST）
```

義肢装具士
　〔その他部門〕
　　　ソーシャルワーカー
　　　臨床心理士
　　　視能訓練士
　　　聴能士
　　　臨床工学技士
　〔特殊部門（薬剤部門）〕
　　　薬剤師

　薬剤師がコ・メディカルズに含まれるかどうかは，歴史的背景があっていちがいには言えない点があるが，便宜的に特殊部門に含めた。

コ・メディカルズの教育

　コ・メディカルズの教育のすべては，医療という専門目的に焦点を据えて教育されている。
　コ・メディカルズに限らず中核になる医師の教育，看護婦(士)の教育も同じである。
　大学の医学部は教養としての医学教育を実施するところではない。患者の治療に当たることを目的として，必要な教育カリキュラムが編成されている。医師の養成機関である大学の医学部は，医療を目的に設立された特別な高等専修学校である。
　普通の専修学校との違いは，人間を対象にするための高度な基礎理論が必要であるために，大学という教育形態を取ることである。しかも，一般の大学の履修期間が四年間であるのに対して，医学部は六年の履修を必要とする。医科系大学への進学を希望する者は，医師になることを目的として選択するのである。
　このように医療という分野は明確な目的設定がなされるために，医療という目的に協力するコ・メディカルズは，当然のこととして，いっそうの専門

性が求められる。

　化学領域の中でも，医療にかかわる分野は「生化学」である。臨床検査部門を担当する者は，専修学校で医療目的に対応する生化学を研修する。同じように，人体に放射線物質を照射して診断・治療の手段とする業務に当たる者は，専修学校で専門的な研修を受ける。

　コ・メディカルズといわれている職種の者は，医師や看護スタッフが医療という目的に合わせた教育を受けているのと同じように，それぞれの分野の学問の中で，特に医療に焦点を合わせた専門教育を受けている。

　しかし，現段階ではこのレベルに達していない例外的職種も含まれている。その代表的な職種としてソーシャルワーカーをあげることができる。

　大学などの教育過程で社会福祉学を履修したということだけで，医療という専門分野でもそのまま準用できるという単純な考え方が問題である。

　この点は重要な問題なので，後に改めて述べる。

チームワークの組織

　以上に述べた「診療部門」「看護部門」「診療協力部門」の他に「事務部門」がある。

　事務部門には総務担当，経理担当，人事担当，医療事務担当などが含まれる。

　事務部門のなかで，直接，患者の応対などに関わりをもつ部署は，医療事務を担当する分野である。ソーシャルワーカーは，業務遂行上に接触することが多い。

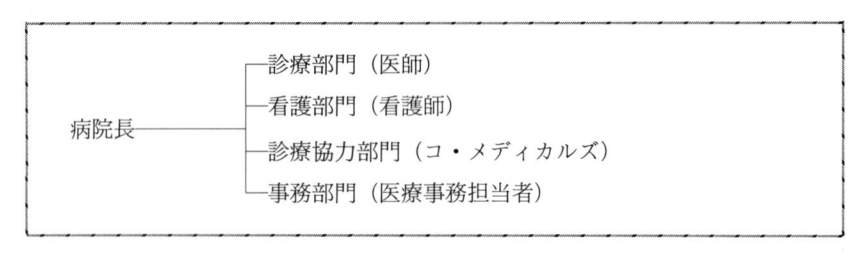

```
                ┌─ 診療部門（医師）
                ├─ 看護部門（看護師）
    病院長 ──────┤
                ├─ 診療協力部門（コ・メディカルズ）
                └─ 事務部門（医療事務担当者）
```

7 医療法

病院・診療所・療養型病床群

　医療を提供する体制を明確にする目的のために，医療法が制定されている。この法律では，病院・診療所・療養型病床群の開設，管理，その施設の整備，運営に関する必要な事項を定めている。

〔病院〕

　医師又は歯科医師が，公衆又は特定多数人のため医業又は歯科医業を行う場所であって，患者二十人以上の収容施設を有するものをいう。病院は，傷病者が，科学的でかつ適正な診療を受けることができる便宜を与えることを主たる目的として組織され，かつ，運営されるものでなければならない。

（医療法第一条の五）

〔診療所〕

　医師又は歯科医師が，公衆又は特定多数人のため医業又は歯科医業を行う場所であって，患者の収容施設を有しないもの又は患者十九人以下の収容施設を有するものをいう。

（医療法第一条の五）

〔療養型病床群〕

　病院の病床（第七条第二項に規定するその他の病床に限る）又は診療所の病床のうち一群のものであって，主として長期にわたり療養を必要とする患者を収容するためのものをいう。

（医療法第一条の五）

〔地域医療支援病院〕

　国，都道府県，市町村，第四十二条第二項に規定する特別医療法人その他厚生大臣の定める者の開設する病院であって，地域における医療の確保のために必要な支援に関する要件としての他の病院又は診療所から紹介された患者に対し医療を提供し，かつ，当該病院の建物全部若しくは一部，設備，機械又は器具を，当該病院に勤務しない医師，歯科医師，薬剤師，看護婦その他の医療従事の診療，研究又は研修のために利用させるための体制が整備さ

れていること，緊急医療を提供する能力を有すること，地域の医療従事者の資質の向上を図る能力を有すること，厚生省令で定める数以上の患者の収容施設を有すること，医療法が規定する一定の要件を満たす施設・施設の構造組織を有すること，などに該当するものは，その所在地の都道府県知事の承認を得て地域医療支援病院と称することができる。　　　　（医療法第四条）

〔特定機能病院〕

　高度の医療を提供する能力，高度の医療に関する研修を行わせる能力，一定の診療科，一定の数以上の病床を有し，一般の病院の最低基準とは異なる人員及び施設の基準を満たす病院は，厚生大臣の承認を得て特定機能病院と称することができる。　　　　　　　　　　　　　（医療法第四条の二）

診療科名

　医療法は医療に関わる事項について詳細に定義づけおよび規定をしているが，同時に，〔類似名称の使用禁止〕〔医業等に関する広告の制限〕などについての条項があり，診療科名の表示についても規定がある。

　医科で名乗っていい診療科名は，次のように制限されている。

〔診療科名〕

　内科，心療内科，精神科，神経科（神経内科），呼吸器科，消化器科（胃腸科），循環器科，アレルギー科，リウマチ科，小児科，外科，整形外科，形成外科，美容外科，脳神経外科，呼吸器外科，心臓血管外科，小児外科，皮膚泌尿器科（皮膚科又は泌尿器科），性病科，こう門科，産婦人科（産科又は婦人科），眼科，耳鼻いんこう科，気管食道科，リハビリテーション科，放射線科

　診療科は，大きく「内科系診療科」と「外科系診療科」の二つに分けることができる。内科系診療科と外科系診療科との相違点は，治療手段として「メス」を使う診療科であるかどうかによって分けられる。

　診療科の「内科」は広域の身体疾患，「心療内科」は神経症・心身症などの

広義の精神関連疾患,「精神科」は狭義の精神疾患,「神経内科」は脳神経・中枢神経・末梢神経関連疾患,「呼吸器科」は肺を中心とする呼吸器疾患,「消化器科」は食物の消化に関連する臓器の疾患,「循環器科」は心臓を中心とする疾患,「アレルギー科」は病原体に反応する生体の仕組みにかかわる疾患,「リウマチ科」は膠原病を中心とする疾患,「小児科」は発達期にある小児に発現する疾患に対する診断と治療を行う。

　これらの《内科系診療科》での治療は薬物治療になる。

　上記以外の診療科は薬物治療のほかにメスを用いて手術という外科的処置を施して疾患の改善を図るので《外科系診療科》になる。

　「外科」は一般内臓疾患に対する外科的対応,「整形外科」は筋肉・骨格疾患に対する外科的対応,「形成外科」はケロイドなどによる身体的機能回復のために外科的対応をする診療科である。「美容外科」は形成外科と同じであるが,身体的な機能の回復というよりも外見上の改善・回復が主眼になる。同じように「脳神経外科」は脳神経系疾患,「呼吸器外科」は肺を中心とする疾患,「心臓血管外科」は心臓および心臓に直結する血管の疾患,「小児外科」は発達期にある小児期疾患への外科的対応,「皮膚泌尿器科」は皮膚および泌尿器疾患,「性病科」は性行為によって感染する疾患,「こう門科」はこう門に発現する疾患,「産婦人科」は出産および婦人に発現する疾患,「眼科」は眼にかかわる疾患,「耳鼻いんこう科」は耳・鼻・いんこうに発現する疾患,「気管食道科」は気管・食道に発現する疾患に対する外科的治療を行う診療科である。

　さらに,「リハビリテーション科」はリハビリテーション医学にもとづいて治療後の身体機能回復を目的に対応する診療科であるが,整形外科・脳神経および高次脳神経系という具合に幅広い領域の機能回復を図り,「放射線科」は主としてエックス線・コバルト・ラジウムなどの放射線を利用して診断および治療を担当する診療科である。

　以上,おおまかに各診療科の概要を述べたが,明確に疾患領域が確立した領域を除くと,具体的な疾患の対応については,疾患の状態に応じて必ずしも固定しないという側面もある。

8 疾　　患

国際分類

疾患名については，統計をとる目的で国際分類（IDC）が採用されている。国際分類は数年に一度の割合で改定されるが，大分類と小分類の二つがある。IDC 9 の分類コード大分類は，疾患を次の十八に分類している。

1. 感染症および寄生虫病
2. 新生物（悪性，良性およびその他）
3. 内分泌，栄養および代謝疾患ならびに免疫障害
4. 血液および造血器の疾患
5. 精神障害
6. 神経系および感覚器の疾患
7. 循環系の疾患
8. 呼吸系の疾患
9. 消化系の疾患
10. 泌尿生殖系の疾患
11. 妊娠，分娩および産褥の合併症
12. 皮膚および皮下組織の疾患
13. 筋骨格系および結合組織の疾患
14. 先天異常
15. 周産期に発生した主要病態
16. 症状，徴候および診断不明確の状態
17. 損傷および中毒
18. 補助分類

これらの大分類は，各項目ごとに小分類として細分される。したがって，

疾患総数は約千種類ある。

9 ソーシャルワーカーと疾患知識

心身医学

　ソーシャルワーカーは，患者の疾患そのものを，直接，取り扱う職種ではない。したがって，約千種にもおよぶ疾患のすべてを知り尽くすことは困難である。ただ，間違った知識をもつことは業務の遂行上の支障になるので，このことだけは避ける必要がある。
　ところで，病気という字は「気を病む」というようにも読むことができる。
　心身医学（psychosomatic medicine）という言葉は，かなり知られるようになった。病気の心身相関性はヒポクラテスの時代から指摘されてきたが，心身医学もしくは精神身体医学という言葉を最初に使用したのは，ドイツのハインロート（Heinroth）であるとされている。
　心身医学が臨床上の診断，または，研究上の方法論として体系化されるのは，1930年代のアメリカにおいてであった。わが国では，戦後，九州大学第一内科に，研究施設としての精神身体医学研究室が開設された。その後，1950年代後半に九州大学第三内科の池身酉次郎が，臨床講座心療内科を開設した。
　心身医学とは何かという議論は，専門的にはむずかしい問題があるが，とらえ方としては「広義のとらえ方」と「狭義のとらえ方」ができる。
　広義の心身医学は，病気を診断・治療する際に，身体の疾患部位だけに着目するのではなく，患者を病気に罹って普通の生活を制限され，悩み苦しんでいる人として理解し，心と身体を相関させてみていこうという立場の医学である。
　この立場では患者をpatient as a totalとして，意識的にとらえようとする。したがって広義の心身医学は総合医学・統合医学（comprehensive medicine, holistic medicine）などという言い方をする。臨床医学の基本姿勢

がここにあることは，ギリシャのヒポクラテス以来，一貫している。

ただ，臨床医学が基礎医学との関連で進歩・発展しているために，病変した身体部位に限局してしまう傾向があるのは否定できない。

先験的・観念的なものを，体系化した科学として，方向性を追究しようとしたのがドイツのハインロートであり，アメリカで発展した psychosomatic medicine であった。なお，psychosomatic medicine はコンサルテーション・リエゾン精神医学へと形を変えて行われている。

狭義の心身医学の臨床は，「心身症」の治療を意味する。

コンサルテーション・リエゾン精神医学

Psychosomatic Medicine（『心身医学』）の著者であるワイスとイングリッシュ（Edward Weiss & O. Spurgeon English）[7]は，医師が診察する患者のなかには，明らかに精神病および身体病と診断できる中間に，純然たる機能的疾患のもの，器質的所見を示しているが部分的に情動的要因による症状が認められるもの，自律神経系と関連する疾患の三つの疾患群があると指摘している。

疾患発現の直接または間接的な要因として心理的または社会的ストレスがかかわりを持つ疾患，心理的または社会的要因が症状の変化に影響を与えるものを心身医学の対象と考える見方は，広義のとらえ方である。

この広義の心身医学は，現在，コンサルテーション・リエゾン精神医学（consultation-liaison psychiatry）として，アメリカで研究の対象になっている。近年になって，わが国でもこの呼びかたが見られるようになった。わが国では，「リエゾン精神医学」という言い方が一般的である。

余談になるが，わが国では診療科名としての「精神科」が嫌がられ，「心療内科」に親和性をよせる傾向が強い。アメリカでは，これとは逆に心身医学を敬遠し，精神医学への親和性を示すのが一般的傾向である。日本人は「心理」という言葉を，すんなりと受け入れる一面がある。その一方で「精神」という言葉については，良くも悪くもある種の身構えが認められる。

ところで，コンサルテーション・リエゾン精神医学でいうコンサルテーションは，コンサルテーション・リエゾン精神医学を専攻した精神科医が，他の

診療各科の医師から患者の精神的状態の診断または治療方針について相談があったときに，相談に乗るという役割を取ることを意味する。これまでは，精神的な症状が患者に出現すると，「他科受診依頼」という形で，すぐに精神科を紹介するのが一般的であった。

広く心身の相関性を重視する総合医療もしくは統合医療に焦点を合わせる心身医学の立場からすれば，精神科医ではない診療各科の主治医が，直接，患者を取り扱う方が，さらに有効な場合が多い。

この考え方の基礎にあるのは，医師－患者関係（doctor-patient relationship）を重視する立場と，心身両面への対応に見られる分化（partialization）傾向に対する一つの姿勢でもある。つまり，主治医－患者関係の間に，患者にとっての第三者が介入することから生じるデメリットを避けようとするのである。

身体疾患で治療を受けている患者は，主治医以外の第三者の介入には気持ちの上で，抵抗が生じる。

身体疾患の治療の過程で精神的症状が発現した場合，主治医の立場からすれば，精神症状への対応について精神科医に治療を依頼するのは当然の行動である。しかし，主治医は十分な説明を患者にしたつもりであっても，患者は主治医から見放されたと考え，その結果，せっかくの主治医－患者関係が壊れる状況が起こる。この点を考慮すると，身体疾患の治療段階で精神症状が発現した時には，精神科医が前面に出るよりも，主治医の背面から適正な助言をして症状の改善をはかるのが，いっそう現実的である。また，身体疾患から二次的に発現する精神症状は，精神病理的な器質的疾患というよりも，機能的疾患であることが多い。そのような意味からも，病気の経過がよくわかっている主治医が前面に出るほうが効果的である。

コンサルテーション・リエゾン精神医学の意義はここにある。

心身症

前にも述べたように，狭義の心身医学は「心身症」の治療を行う。psychosomatic disorders とか psychosomatic disease といっている心身

症は，正式には「精神生理的自律神経・内臓障害(psychophysiologic autonomic and visceral disorders)」という．

一般に，心身症は「心のやまい」と信じられている．たしかに，症状の発現・症状の悪化に「心因」が重大に関与する．しかし，心身症は身体に器質的な変化を起こす《からだの病気》である．

アメリカ精神医学会（American Psychiatric Association, APA）によると，心身症は次のように分類されている．

1. 皮膚反応（psychophysiologic skin reaction）
   （例） 皮膚そうよう症，非定形性皮膚炎……などの一部
2. 筋骨格反応（psychophysiologic musculoskeletal reaction）
   （例） 筋けいれん，筋肉痛，筋緊張性頭痛……などの一部
3. 呼吸器反応（psychophysiologic respiratory reaction）
   （例） 気管支けいれん，過換気症候群，しゃっくり，気管支喘息……などの一部
4. 心臓脈管系反応（psychophysiologic cardiovascular reaction）
   （例） 発作性ひん脈症，高血圧症，血管収縮，血管性頭痛……などの一部
5. 血液・リンパ管系反応（psychophysiologic hemic and limphatic reaction）
6. 胃腸反応（psychophysiologic gastrointestinal reaction）
   （例） 消化性潰瘍，慢性胃炎，潰瘍性大腸炎，便秘，過酸症，胸やけ，過敏性大腸炎，思春期瘦症（anorexia nervosa）……などの一部
7. 生殖・泌尿器反応（psychophysiologic genito-urinary reaction）
   （例） 月経不順，排尿障害，不感症……などの一部
8. 内分泌反応（psychophysiologic endocrine reaction）
9. 神経組織反応（psychophysiologic nervous system reaction）
   （例） 全身倦怠（神経衰弱症）など

神　経　症

　心身症が「心因」によって発症する《身体の器質的疾患》であるのに対し，神経症 (neurosis) は「心因」によって発症する《精神の機能的障害》である。ドイツ語で「ノイローゼ (Neurose)」という。ノイローゼは日本語としても通用するが，精神病の別な呼び方として，誤った使い方がされる。
　神経症の分類は，わが国では必ずしも一定しない傾向があるので，APAの分類を紹介する。

　　　1．不安反応（anxiety reaction）
　　　2．解離反応（dissociative reaction）
　　　3．転換反応（conversion reaction）
　　　4．恐怖反応（phobic reaction）
　　　5．強迫反応（obsessive-compulsive reaction）
　　　6．抑うつ反応（depressive reaction）

　APAでは，神経症の下位分類を anxiety reaction のように「××反応」という言い方をする。わが国では「××神経症」というのが一般的だから，反応のところを神経症と置き換えても差支えない。
　《不安神経症》の症状は「イライラして落ち着かない」という形が多い。いわゆる「心臓神経症」は，不安神経症の代表的な例である。
　《解離神経症》は「狐つき」的な症状を示す。
　《転換神経症》は，転換ヒステリーともいう。わが国ではヒステリーというと，女性が感情的に高ぶる状態のことをいうことが多い。これはまったく正しくない。医学的には精神的な要因が「感覚・運動器官に転換して症状をしめす」ことを意味する。したがって，転換神経症は男性にも発症する。
　《恐怖神経症》には，尖ったものに反応する「先端恐怖」，高いところに反応する「高所恐怖」，狭いところに反応する「閉所恐怖」などがある。一般的に，漠然とした恐怖は「不安」であるのに対して，具体的なものに対する恐

れを「恐怖」という。

《強迫神経症》では，極端にこだわりを示す症状が認められる。「こだわり」の示し方には二つある。一つは，観念的なこだわりである。これを英語では obsessive という。もう一つは，実際に行動として現れるこだわりである。英語では compulsive という。「不潔恐怖症」という言い方があるが，これは恐怖神経症ではなく強迫神経症である。

《抑うつ神経症》は，精神症状として「憂うつ」「やる気がしない」「死にたい」などの状態像が目につく。これは，われわれも日常的に経験する状態である。ただ，神経症と病名がつく時には，状態像はもっと複雑である。

抑うつ神経症は，普通の人が落ち込む「憂うつな気分」，後で述べる「うつ病」と状態像がよく似ている。

ソーシャルワーカーは医師ではないから，中途半端な知識をもとにして診断名をつけてはならない。ソーシャルワーカーがソーシャルワークの専門家 (professional) であることを証明するためにも，他の専門分野の領域に土足で踏み込むことを絶対にしてはならない。

いずれにしても，病名の概念は，病気の状態を正しく理解した上で使わなければならない。世間で横行しているような，素人が安易に専門用語を使ったりする不謹慎な行為はむずかしい問題を含んでいるので，慎重に対処する必要がある。

精 神 病

APA では，精神病 (psychotic disorders) を次の三つに分類している。なお，心身症と神経症のところでも触れたように，APA では「××病」という言い方ではなく「××反応」という言い方をする。

---

1. 精神分裂反応 (schizophrenic reaction)
2. パラノイド反応 (paranoid reaction)
3. 情動反応 (affective reaction)

《精神分裂病》もしくは「精神分裂症」は単純型，破瓜型，緊張型，妄想型，分裂情動型，小児型，非分裂型の七つに分けてある。破瓜型精神分裂病は思春期に発病する。症状の改善がむずかしく，人格の荒廃が認められる。また，小児型の精神分裂病の一つに「自閉症」がある。日本人は新しい言葉が好きなので，自閉症という言葉を好んで使ったりする。自閉症は治療が非常に困難な疾患である。

《パラノイド反応》は「パラノイア (paranoia)」「偏執狂」ともいう。「妄想」が主となる精神疾患である。「人格異常 (personality disorders)」の中にも，「パラノイド人格 (paranoid personality)」というのがある。

これらは，それぞれに疾病概念が異なる。きちんと使い分けることができるだけの基礎知識が必要である。

《情動反応》という言い方は，精神科医の間ではよく使われているが，一般的には《躁うつ病》のほうが分かりやすい。情動反応には「そう状態」と「うつ状態」が交互に現われる《躁うつ病》，また「そう状態」だけが定期的に発症する《躁病》，「うつ状態」だけが定期的に発症する《うつ病》がある。なお，国際疾患分類第十版 (IDC 10) では，躁うつ病を精神病から除外する動きがある。

抑うつ症状は，病気と言うほどではなく日常場面でもみられる憂うつ状態から，さらに，抑うつ神経症・うつ病といった病的状態まで含めて，広く見られる。しかも，精神・身体の両面に現われる状態像がほとんど違わない。ただ，うつ状態についての正しい理解がないと，状態像を間違ってとらえることがある。

うつ病の中には，身体症状の訴えだけで，精神症状が表面に出ない「仮面うつ病 (masked depression)」もある。

一般的に，うつ症状はほとんどの年齢層に出現する。もっとも好発するのは中年以後である。

ところで，仮面うつ病という形で出てくる身体症状は「睡眠障害」「倦怠感」「頭重もしくは頭痛」「食欲減退」などである。まず，精神状態の訴えがあり，あわせて身体症状の訴えもある時には，比較的に状態像がつかみやすい。ただ，身体症状ばかりが前面に出て，精神症状が直接出てこないうつ病もある

ことぐらいの知識は持っていたほうがいい。

　なまじっかの知識があると，根拠がともなわない素人判断をしてしまう危険性が大きい。病気の診断については，専門家である医師にすべてを任せるべきである。

　うつ病患者への対応の際に気を付けなければならないことは，普通の人が落ち込んでいるときにする「激励」や「はげまし」を絶対にしてはならない，ということである。うつ病という病気のメカニズムを正しく理解し，患者の病状の悪化を促進する行為は，絶対に避けなければならない。

　日常場面で遭遇する状態像だからという理由で，経験的な素人判断をすることは，病気としての精神疾患の場合では，単に病状を悪化させるだけではなく，時には患者を死に追い込むことすらある。

　医師からの医師でないサイコロジストに対する警告もしくは叱責をよく耳にする。医療機関で仕事をするソーシャルワーカーも，同じように，慎重な対応が要求されることを忘れてはならない。

その他の精神的疾患

　精神科専門病院で取り扱う疾患は，上記の精神病のほかに「アルコール・薬物中毒症もしくは嗜癖」「老人性痴呆症」「てんかん」「知的障害」などの精神に何らかの変調が認められる状態像のものである。

　アルコールや薬物依存などは，「人格異常」に属する疾患群であるが，説明が長くなるので省略する。

　また，医療領域以外では「知的障害」という言い方が普通に使われているが，医療の場では，乳幼児については「精神発達遅滞児」という言い方をして「知的障害児」とは呼ばない。

　「てんかん（epilepsy）」についても誤解・偏見が根強く残っている。てんかんは症状のコントロールができて，日常生活にまったく差支えがなくなった病気である。

　精神的な疾患に関しては，正しい知識の欠如と先入観が問題となる。

　これらの疾患のほかに，一般病院（general hospital）の精神科では神経症，

身体疾患から二次的に発現した精神症状（「意識障害」「せん妄」）などを取り扱う。神経症の延長レベルの疾患としては、登校拒否・不登校などの問題、思春期に出現する適応障害の問題など、社会適応障害に関わることも多い。

内科、外科などの一般診療科では、心身症・神経症的要因を持っている患者が多い。それらの誘因となった問題が、家族関係を含む人間関係、社会的なさまざまな条件と関わりがあると判断されると、ソーシャルワーカーに取扱いの依頼がある場合がある。

ソーシャルワーカーの疾病知識

一般に、精神病に対しては過度に恐怖を抱く半面、精神的な問題については「気の持ちようでどうにでもなる」と決めつけてしまう一面もある。このような素人考えが精神障害への正しい対応を妨げ、偏見を生み出す要因になる。

医療領域で働くソーシャルワーカーは、程度の差こそあるが、心身症・神経症・精神病などを含む精神的疾患患者との関わりが多い。だからこそ、ソーシャルワーカーは素人判断を排除する見識が必要になってくる。精神科医との連携を密にして、専門医のコンサルテーションを受けながら対応しなければならない。医療の分野で働く専門家としてのソーシャルワーカーは、正確な概念を正確な用語で正しく使うことから出発しなければならない。

疾患のすべてに通暁するのは、専門に医学を履修したわけではないのでソーシャルワーカーには望むべきことではないが、おおまかに全体像をつかんでおく必要性がある。

次に、疾患を身体因・心因（精神因）・発達因に分けると、次頁の表のようになる。

また同じく次頁に、症状別に身体疾患と精神疾患を示す（図１）。

ソーシャルワーカーは教育過程で医学的な知識を身につける機会が少ないために、どうしても中途半端な知識の範囲にとどまってしまう。

身体的な知識については、それぞれの疾患に出会った時に、主治医から知識を吸収するとともに、図書室などで知識の補充をしなければならないが、

身体因	感染症，変性疾患，癌などの悪性新生物……など 器質性精神障害 　・急性脳障害 　・慢性脳傷害 身心症 　身体病から二次的に発現した意識障害・せん妄などの精神障害
心　因	神経症（精神の機能障害） 　不安神経症……など 精神病 　精神分裂病……など 心身症（身体の器質障害） 　消化性潰瘍……など
発達障害	知能障害 　1）　精神発達障害（乳幼児・学童児） 　2）　知的障害（成人）

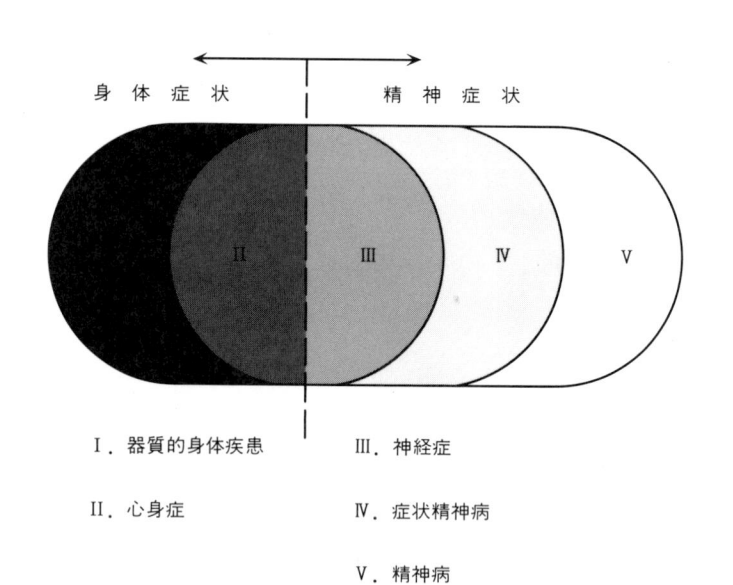

身体症状　　　　精神症状

Ⅰ．器質的身体疾患　　Ⅲ．神経症

Ⅱ．心身症　　　　　　Ⅳ．症状精神病

Ⅴ．精神病

図Ⅰ　身体疾患と精神疾患

精神疾患の知識はケースワークの過程の中で直接遭遇する機会が多い。ケースワークは個人（personal）を対象とするのであるから，最小限度の精神障害に関わる知識が必要になる。

　この精神疾患についての知識は，精神科医がいる病院であれば，直接，教えてもらうこともできるが，そうでない場合には，ソーシャルワーカーの判断によって，主治医と相談して専門医にリエゾンしなければならないこともある。

　ソーシャルワーカーが特に気を付けなければならないことは，素人的な判断で対応して，病状を悪化させることである。

　以上の見地から，広義の精神障害の分類を追加する。

```
Ⅰ．狭義の「精神病」
       精神分裂病 ────→ ◎  ┐
       躁うつ病 ─────→ ◎  │
Ⅱ．中毒性精神障害                │
       アルコール中毒症 ─→ ◎  │──精神保健法適用疾患
       覚醒剤中毒症 ───→ ◎  │
Ⅲ．発達障害                      │
       知的障害 ─────→ ◎  │
Ⅳ．性格障害                      │
       精神病質 ─────→ ◎  ┘
Ⅴ．心理的原因によっておこる精神障害
       広義のうつ病 ───→ ○
       神経症 ──────→ ○
       心身症 ──────→ ○
Ⅵ．身体の病気によっておこる精神障害
       痴呆 ───────→ ◎
       せん妄 ──────→ ◎
Ⅶ．その他
       てんかん　◎○

              （◎ 主として他人が困るもの
               ○ 主として本人が困るもの）
```

医学用語知識

　医療水準の向上にともなって，臨床場面で使われる医学用語も新語・略語が次々に生まれてきている。コ・メディカルズとしてソーシャルワーカーが役割を果たしていくには，医学用語の正しい理解が必須要件の一つになってくる。

　ソーシャルワーカーがソーシャルワーク援助をする際には，主治医と緊密な連絡を取り，治療方針に沿いながら援助活動を進めなければならない。そのためにも，病名・治療方針，看護計画について，十分，確認しておく必要がある。また，主治医からのソーシャルワーク援助依頼が，文書によってなされたり，主治医・看護スタッフから口頭で援助依頼があることもある。

　これらの際に，病名・治療方式が英語・ラテン語などの原語が使われることが多い。それも略語が少なくない。患者のすぐ近くで仕事をする医師・看護スタッフは，さまざまな意味から医学用語の略語を使う。しかも，それぞれの診療科での特有の略語がある。例えば，循環器科・心臓外科などで「MS」が僧帽弁狭窄症（mitral stenosis）を意味するのに対して，神経内科で「MS」といえば，それは多発性硬化症（multiple sclerosis）を意味する。

　これらすべてに通ずることは困難であるが，専門ソーシャルワーカーとして，医療の領域で病気になって悩んでいる人を対象に，ソーシャルワーク援助をするためには，どうしても必要な知識になる。

　ソーシャルワーク教育の場で「精神分裂病」という専門用語を学んだ学生が，「精神分裂病患者」と言うべきところを「分裂患者」とか「分裂の患者」と平気で言って，誰も不思議とは思わない雰囲気がある。他の分野の専門用語を素人的感覚で安易に使ったりする姿勢は，専門ソーシャルワーカー教育の場で，もっと検討しなければならない課題の一つである。

第三部

医療領域のソーシャルワーク

10 わが国の現況

政 策 論

　医療の分野でのソーシャルワーク業務は，コ・メディカルズの一員として機能することで役割がはっきりしてくる。この際，コ・メディカルズについての正しい理解が基礎にないと，自らの役割の把握が不明確になる。

　ソーシャルワークは，先験的(apriori)もしくは感性的な特性と同時に，経験に裏打ちされる理性的な側面が要求される。わが国のソーシャルワークはこの側面にマルクス主義社会科学理論が大きく関与する。いわゆる「政策論」理論である。

　政策論派の問題点は，ソーシャルワークに「社会政策」という経済学用語を持ち込んで理論構成していることである。なお，「社会政策」は経済学の概念で「労働政策」を意味する。

　この種の「概念・用語のすり替え」は，マルキシズムの常套手段である。例えば「社会科学」という用語は自然科学（natural science）に対比する社会科学（social science）ではなく《マルクス理論》のことである。そこで誤解を避けるために，わざわざ「人文科学」という用語を新しく作らなければならなかった。また，マルキシズムでの「労働者」は，革命の際の消耗品としての兵士を意味する。したがって，労働に従事する者のことを一般的にいう時には，新たに「勤労者」という言い方を作る必要があった。

　このように，日常なにげなく使っている言葉が，マルキシズム用語として限定した意味で使われることがある半面，逆にマルクス主義用語が，一般語として使われる例も少なくない。日常生活上では，特に問題にならなくても，論理を重視する科学の世界での用語の適正な規定と選択は，見過ごすことができない重要な問題である。

政策論派の限界

　第二次世界大戦で敗戦国となった日本では，それまでの指導原理が一挙に崩壊し，自由主義（liberalism）の政治理念としての民主主義（democracy）が導入された。このような背景のもとで日本国憲法が制定され，「社会福祉」という文字が公式に日の目を見るようになった。

　それまでのわが国は，マルキシズムに拠って行動することはおろか，マルキシズムを口にすることすらタブーであった。また，国家主義という形の全体主義（totalitarism）体制の下では「社会」という言葉もタブーであった。

　自由の名の下に解禁されたマルキシズムは，わが国のさまざまな分野に影響を与えた。社会福祉の分野での影響はことに顕著である。ここでは，マルキシズムを基盤にする「政策論派」が主導権をにぎって，現在に至っている。

　マルキシズムの究極の目標は共産社会の実現である。個人の自由意思を否定し，みんなが平等であることを最終形態とする共産主義（communism）政治形態は，戦前の国家主義と同じように全体主義体制を取ることになる。

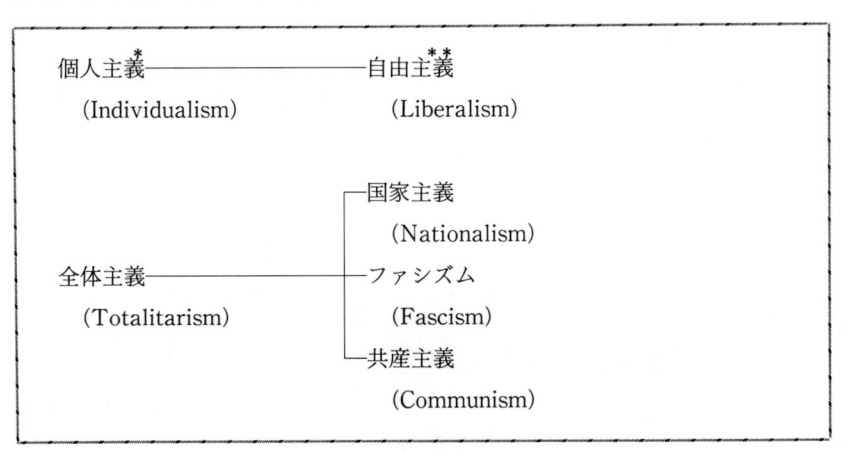

```
個人主義*─────────自由主義**
(Individualism)       (Liberalism)

                    ┌─国家主義
                    │  (Nationalism)
全体主義────────────┼─ファシズム
(Totalitarism)      │  (Fascism)
                    └─共産主義
                       (Communism)
```

　＊　個人主義　自分さえよければ他人のことはどうでもいいとする利己主義（egoism）とは，全く別である。
　＊＊　自由主義　自分のしたい放題をする自由放任（laissez-faire）とは別である。

さらに追加説明すると，自由な意思を持った者が全体の形態を持つ「くに」を構成して理想に近づく努力をするという立場の自由主義と，まず初めに全体としての「くに」があり個人は単なる「くにの構成者」にすぎないとする全体主義の考え方がある。どちらもデモクラシーという表現を使っているが，マルキシズムでは革命の消耗品を「労働者」と言葉巧みにごまかした同じ手口で用語を使用するから注意が必要である。

ところで，政策論派ではキリスト教の理念とつながるソーシャルワークという言葉を避けて，ことさらに《社会福祉》《福祉》という用語に固執する。しかも，この用語はマルクス主義理論によって構成されている。

繰り返して触れてきたように，人の理想目標（哲学・理念・世界観）が「社会福祉」であり，ソーシャルワークは，その実現に向けた方法論を意味する専門用語である。さらに，ソーシャルワークの技法としてケースワーク，グループワークその他があるのである。

ところが「政策論者」は社会改良を目指し，社会福祉制度の充実を主目標にするので，ソーシャルワークの直接技法としての「ケースワーク」を無視し，間接技法の一つである「ソーシャル・アクション」を重視する。しかも，ケースワークを正当に評価できるだけの力量を持たない政策論派は，心理学の援助技法であるカウンセリングを，ケースワークの代わりとして臆面もなく使う。

人は，母体から個体 (individual) という形で出生し，さまざまなものを行動

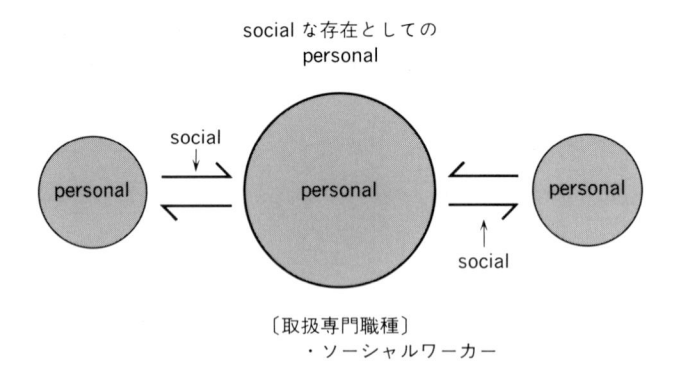

図2　Social な存在としての personal

主義でいう学習によって個人(personal)としての条件を身につけ, 他のパーソナルとのかかわりの中で社会(social)の特性を身につけていくといわれる。

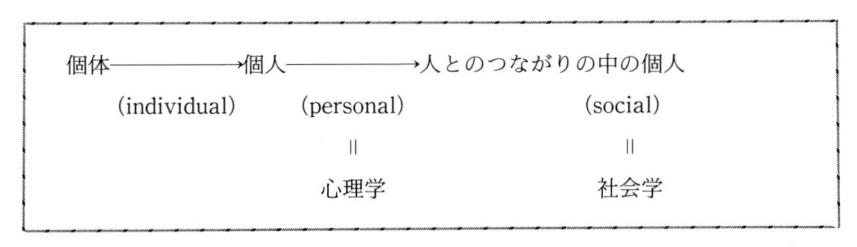

```
個体─────→個人─────→人とのつながりの中の個人
(individual)   (personal)            (social)
                  ‖                     ‖
                 心理学                 社会学
```

　心理学は, 人のパーソナルとしての特性に焦点を据えて研究する学問である。カウンセリングは, 応用心理学の一環としての相談心理学で発達した技法である。
　一方, ソーシャルワークは social work という字を殊さらにあげるまでもなく, 人の social という特性に焦点を当てるのである。欧米諸国では, キリスト教文化の中で育った charity の延長線上に social work があるのに対して, わが国では, 直接, キリスト教にこだわらない「社会福祉」という概念を, ソーシャルワークの前に持ってこなければならなかった。
　このような歴史的経緯を無視して経済学の概念を持ち込んだところに, 政策論派の問題がある。

社会福祉学

　社会福祉という主題を学問の視点からとらえようとすれば, その呼び名は「社会福祉学」になる。ここで問題にしなければならないのは, いわゆる社会福祉学が学問といえるだけの体系を整えているか, ということである。
　残念ながら, いま社会福祉学と称しているものは, 実のところは, 「社会福祉論」というべきレベルのものなのである。
　ドイツでは哲学(Philosophie)というだけの体系を整えていない「物の考え方」のことを世界観(Weltanschauung)という。世界観は体系化されて哲学となる。なお, 英語には Weltanschauung に対応する言い方がないので, 哲学も世界観もフィロソフィで済ましてしまう。

社会福祉の考え方は確かにある。しかし，体系化するまでに至っているとは言えない。所詮，現段階では社会福祉論のレベルにとどまっているのが現状である。

学問として体系化するには，政策論派が拠り所にしている経済学から脱却して《社会学》の裏打ちを強化することである。このことを言うと，それは当たり前のことであるという反論が出てくる。そのくせ，具体的にどのように体系づけるかについては，ほとんど議論は進まないばかりか，相変わらず政策論にもとづく同じ議論を蒸し返している。社会科学という表現を用いるから，社会学と同じであるとする粗野な論拠によるものでなければ幸いである。

名称は社会福祉論でも社会福祉学でも構わない。これを《応用社会学》の一環として，明確に規定することから始めるのが，問題のすり替えを避ける方法になる。

基礎社会学のテーマである家族を含む「基礎的な社会集団」，組織体などの「合目的的な社会集団」といった形式社会学，さらに，文化社会学などの知識を基礎に，応用社会学として《社会福祉》をテーマに論議を展開する姿勢が基本にあれば，少なくとも，他領域の技法としてのカウンセリングを持ち込んでくるような馬鹿げた言動はしないはずである。

医療の分野でソーシャルワーカーに期待されるものは，基礎社会学知識をもとにした社会福祉に関する知識と技能である。

この点を曖昧にしたままであるから，政策論派の定義によると「ソーシャルワークは，クライエント中心に，カウンセリングと社会資源を用いて援助すること」ということになる。

政策論派の発想からは，ソーシャルワーカーの専門性が求められる専門ソーシャルワーク(specific social work)は永遠に生まれてこない。

それからもう一つ，臨床の場にいるソーシャルワーカーによる臨床に役立つ具体的な研究が少ないのも指摘して

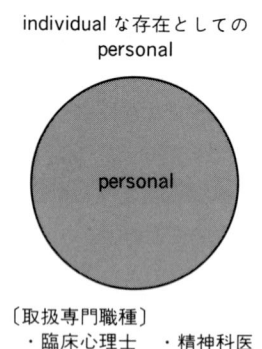

individual な存在としての
personal

personal

〔取扱専門職種〕
・臨床心理士　・精神科医

図3　individual な存在としての personal

おきたい。

ケースワーク，カウンセリング，精神療法

人そのものを対象にする援助技法で，方法論が極めて近いものに，次の三つがある。

ソーシャルワークの「ケースワーク」(social casework)，精神医学の「精神療法」(psychotherapy)，心理学の「カウンセリング」(counseling) である。これらの技法は基本的には共通する点が多い。ただ，技法の発達の経過を見ると，大きな違いがある。

これら三つの技法には，二つの大きな流れがある。

一つは精神分析（psychoanalysis）から発展したもの，もう一つは精神分析に背を向けたものである。前者に属するグループは「ケースワーク」と「精神療法」であり，後者は「カウンセリング」である。

精神分析学者ソンプソンは精神分析の技法を応用しているグループとして，心身医学，精神医学，ソーシャルワークの三つをあげている。

ケースワークへの精神分析の影響を十分に考慮したバイステックは，ケースワークの概念を明確化する目的で，*Casework Relationship* を著した。この本は翻訳されて版を重ねている（『ケースワークの原則』）。

専門ソーシャルワークと一般ソーシャルワーク

第一部で，ソーシャルワークの分野には「第一次分野」と「第二次分野」があり，それぞれのソーシャルワークを《一般ソーシャルワーク》《専門ソーシャルワーク》ともいうと述べた。

ソーシャルワーカー自身を含めて，一般に根強く残っている誤解は「専門ソーシャルワークは，一般ソーシャルワークの応用で対応できる」という思い込みである。この考え方には，専門ソーシャルワークに対する基本的な知識が欠如している。

一般ソーシャルワークと専門ソーシャルワークの基礎には，この二つに共

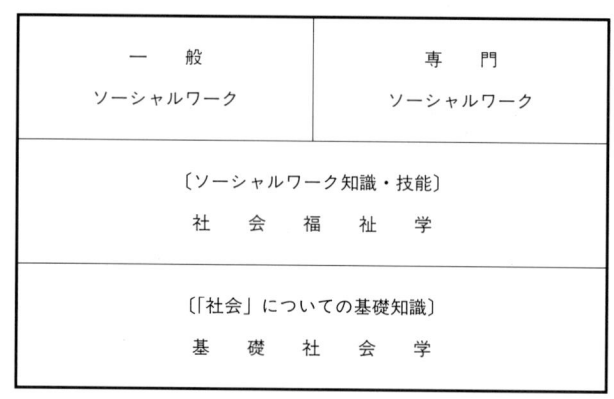

一　般 ソーシャルワーク	専　門 ソーシャルワーク
〔ソーシャルワーク知識・技能〕 社　会　福　祉　学	
〔「社会」についての基礎知識〕 基　礎　社　会　学	

図4　一般ソーシャルワークと専門ソーシャルワーク

通する社会福祉についての基本的な哲学と方法論，さらに具体的な技法が必要となる。一般ソーシャルワークで通用する論理が，そのまま専門ソーシャルワークでも通用するとは絶対にいえない。

　ソーシャルワークの基礎理論と基礎技法を社会福祉事業法が規定する対象に応用するのが，一般ソーシャルワークである。医療，司法，教育など，他の専門家が主体になって活動している分野に，ソーシャルワーカーが専門技能を応用して協力するのが，専門ソーシャルワークである。

　この二つの分野では，援助対象と援助目的が異なることを忘れてはならない。

　実務者としてのソーシャルワーカーへの教育カリキュラムの大枠を，
　① 一般教養課程カリキュラム
　② 基礎専門課程カリキュラム
　③ 応用専門課程カリキュラム
の三つに分けて考えると分かりやすい。

　基礎専門課程では「基礎社会学」および応用社会学としての「社会福祉学」についての知識を習得する。

　応用専門課程ではソーシャルワーカーが主体となって実務を担当する「一般ソーシャルワーク」と，医療・司法・教育など，他の専門家がその目的に対応している部門にソーシャルワーカーがソーシャルワークの専門家として

協力する「専門ソーシャルワーク」に関する具体的な知識を習得する。

　ソーシャルワークにおける政策論派の考え方は，たしかに，問題の一面をついてはいるが，この論理が適用できる範囲は，せいぜい，狭義のソーシャルワーク概念が当てはまる第一次分野（一般ソーシャルワーク）である。

　健康を損なった人が健康の改善・回復を目的に集まってくる医療の場では，政策論は役に立たない。法律・制度の整備で人の健康が回復するのであれば，医学の必要がなくなる。

　海外の文献を見ても，医療機関のソーシャルワーカーはコ・メディカルズの一員として位置付けされている。ここで期待されているのは，ケースワーク技法を駆使して医療目的に関与することである。

　医療の場としての医療機関では，高度の専門知識を有する専門家が一つの目標に対しチーム・ワークで対応する。共同作業が効果的に機能するためには，一つ一つの専門部門の知識・技能が同じレベルにあることが条件になる。

11　医療ソーシャルワーカーの課題

ソーシャルワーク教育

　医療領域におけるソーシャルワーカーを，社会学の知識と社会福祉学の技法を駆使して患者のホメオスターシスを援助するコ・メディカルズの一員として位置づけた時に，医療を担当する医師・ナース，つまりキュアおよびケアの担当者が，ソーシャルワーカーにどのような期待をするか，また，ソーシャルワーカーは，この期待に応えてどのように役割取得（role taking）するかが課題になる。ソーシャルワーカーが医療領域で正当な役割を取得するためには，先入観を解放して，専門ソーシャルワークの本質を把握することから出発しなければならない。

　第一の問題点は，教育機関のあり方・教育内容にかかわることである。

　まず，大学などの教育機関では，社会福祉の概念について「広義の社会福祉」と「狭義の社会福祉」を均等，かつ明確に教育する必要がある。しかし，

現況は，残念ながら狭義の社会福祉の概念に固執したカリキュラムが中心になっていることは否定できない。

昭和二十年の敗戦を機に，日本国憲法とともに「社会福祉」の概念が導入された。当時の社会状況は，占領下という特殊な状況もあって，貧困・窮乏が社会的課題であり，マルクス主義の論理が通用する時代であった。

わが国にとって，社会体制の再編成の面では，敗戦は革命と同じ効果をもたらした。社会保障・社会福祉制度は高度経済成長を背景に充実した。その結果，絶対的な貧困・窮乏は相対的な貧困・窮乏へと変化した。さらに，自由競争という自由主義の論理が定着した。ここではマルクス主義の論理が，ほとんど無力化した。このような状況下にもかかわらず，大学では，いまだに旧態依然としたマルクス主義が主流となっている。

このような視点にとどまっている限り，専門ソーシャルワークは育たない。主義・主張の多様化，真の自由性を否定するマルクス主義に基盤をおく政策論の論理からは，専門ソーシャルワークの方法論が生まれてくる蓋然性はないのである。

第二の問題点は，医療についての正しい認識の欠如である。

これも，教育カリキュラムとの関連を無視できない。文系の社会福祉系大学で理科系の教育カリキュラムを編成するのが困難があることは十分に理解できる。ただ前にも述べたように，コ・メディカルズとして医療領域のソーシャルワーカーを位置づけるためには，医療にかかわる知識が必要になる。政策論派がいうような「カウンセリングと社会資源の運用」というレベルでは，適正な役割取得ができるとはいえない。カウンセリング操作の専門家として，病院に臨床心理士（clinical psychologist）が配置されていると，ソーシャルワーカーがカウンセリングを実施すること自体がナンセンスになる。また，社会資源としての法律・制度についても，社会保障制度の一環としての社会保険関係法，医療に関連する社会福祉関係法の実務については医療事務担当者がいる。

このレベルにとどまっている限り，ソーシャルワーカー独自の専門領域は何か，という素朴な疑問に対して正当な解答を提示することはできない。

教育過程で専門ソーシャルワークとしての医療領域のソーシャルワークに

ついての知識取得が困難であれば、あとの手段は一つしかない。独学で医学・看護学・薬理学などを含む医療にかかわる知識を吸収することである。

今後、社会福祉系大学が医療実務に対応するソーシャルワーカーを養成する教育機関としての機能を満たすためには、医師の養成機関としての医科系大学、看護師の養成機関としての看護専門学校・看護系大学などと同じように、医療に即応する実務者養成に焦点を合わせた教育カリキュラムの編成が要求される。

世間一般には、大学という名前がつけば高級と思い込み、専門学校・専修学校を低レベルの教育機関とする誤解もしくは偏見がある。ところが看護師の国家試験問題に目を通すと、看護専修学校でも社会福祉の基本知識や社会福祉関連法制知識についての教育がなされていることがわかる。

医療ソーシャルワーカーには、この事実の認識が先決課題になる。

社会福祉士法

ソーシャルワーカーの身分・資格を規定した法律として、「社会福祉士法及び介護福祉士法」が制定された。

結論を先に言うと、この法律は医療領域で働くソーシャルワーカーを規定するに足りる条件を満たしているとはいえない。その理由について、少しばかり述べる。

「社会福祉士法及び介護福祉士法」は厚生省社会・援護局が高齢者社会の出現に備え、社会福祉施設充実を目的に、介護業務担当者の資質向上・整備をはかろうとする意図から政府提案という形で成立させたものである。

本法は、五十三条の項目でなりたっているが、その第二条の第一項の「定義」は次のようになっている。

〔社会福祉士の定義〕
　第二条①
　　この法律において「社会福祉士」とは、第二十八条（登録に関する規定）の登録を受け、社会福祉士の名称を用いて、専門的知識及び技術をもって、

> 身体上若しくは精神上の障害があること又は環境上の理由により日常生活を営むのに支障がある者の福祉に関する相談に応じ、助言、指導その他の援助を行うこと（第七条において「相談援助」という）を業とする者をいう。

　この法律にもとづいてソーシャルワーカーが援助対象にするものは、身体上もしくは精神上の障害または環境上の理由のために「日常生活を営むのに支障がある者」となっている。
　ところで、法律解釈上で注意しなければならないのは、条文の拡大解釈である。
　たしかに、病院などの医療機関で診察・治療を受ける人は、身体上または精神上に支障が起こっている状態にある。そのために、日常生活に何等かの支障が起きる状態にあることは事実である。
　ただ、医療機関にかかっているということは、一時的に日常生活に支障があっても、この間に症状の回復をはかっている。改善が困難な状態にあり、日常生活が営めないということとは違う。治療が終了すれば、また、もと通りの日常生活ができるのである。
　病院も社会的施設であるという言い方もあるが、実は、このとらえ方は正確ではない。病院を社会的施設の一つとして考えても、公共の利用施設であって、半永久的・長期に収容することを目的とした施設ではない。
　素人的な拡大解釈を避けるためには、「医療法」をよく読む必要がある。
　これまで続いてきた、さらに、これからも続くことが予想される堂々巡りの論議に終止符を打つために言っておきたいことは、社会福祉士法は、厚生省社会・援護局が主管する対象者への援助を行うソーシャルワークの第一次分野を担当する「一般ソーシャルワーカー」の身分・資格を規定した法律であるということである。

医療ソーシャルワーカーの身分法

　医療機関のスタッフは一部例外を除けば、すべて免許証保持者で構成されている。平成十一年以後、精神科領域のソーシャルワーカーには精神保健福

祉士の身分法ができたが，いまだに身体疾患領域のソーシャルワーカーに対する身分法は実現しないままに現在に至っている。

ところで，わが国の「医療領域のソーシャルワーク」の歴史を振り返ってみると，大正末から昭和の初めの済生会中央病院，聖路加病院は別格として，一般的に普及するのは戦後のことである。これも，占領軍の指導によるものであり，一般病院では赤十字病院での配置が早かった。

しかし，当時の衛生状態は悪く，結核などの感染疾患が全国的に多かった。そこで，昭和二十二年に保健所法が施行され，保健所の事業を規定する第二条の六番目「公共医療事業の向上及び増進に関する事項」という条項が示された。《公共医療事業》は medical social work の日本語訳であった。その後，medical social work は《医療社会事業》という形で使われた。

保健所の公共医療事業は東京の杉並保健所をモデルにして，全国に普及していった。

その頃のソーシャルワーカーは，社会福祉についての専門教育を受けた者は少なく，厚生省が開いた講習会で即席の教育を受けた者がほとんどであった。昭和三十年代以後，大学などでの社会福祉にかんする講座を履修した者が少しずつ増えてきたが，地方では，依然として，いわゆる横滑りという形でこの業務に当たる者の数が多かった。

昭和二十八年に医療領域でソーシャルワーク業務に当たる者の全国組織として「日本医療社会事業家協会」が発足した。

昭和三十年の初めになって，福岡市の九州大学医学部講堂で日本病院学会が開催された。病院学会では，当時，病院運営に関連する主要なテーマの一つとして「医療社会事業」が取り上げられた。

そこでの話題として，ソーシャルワーカーを日本語に置き換えた「社会事業家」という表現に対して異論が出されたが，当時はまだ，ソーシャルワーカーという片かなの呼び名は一般的ではない，という意見が多く，結論は出なかった。

後になって，医療領域のソーシャルワーカーの全国組織が社団法人として再発足する際に「家」を外し，「日本医療社会事業協会」と改称した。

日本医療社会事業協会では，医療領域のソーシャルワーカーの身分・資格

を確立するために、協会発足以来、それなりに苦労してきた。ただ、前に触れたように、その実務に当たっている者が、初めの頃は他の職務からの横滑りであったり、他の職務との兼任であったりしたといった事情もあって、基本方針が定まらなかった。

身分・資格にかかわる法律案を策定するときには、国会に提案する手続きとして国会議員のルートで提出する「議員提案」と厚生労働省などの省庁から提出する「政府提案」の二つがある。

この二つのルートから何とか突破口を開こうとしたが、協会内部に意見の不一致があって一向に実現しなかった。

一方、九州八県がそれぞれに作っている各県協会の連合組織である九州医療社会事業協議会は、日本医療社会事業協会に対して「日本医療社会事業協会で、資格の認定をするように」と提案した。すでにコ・メディカルズ職種としての国家認定資格を取得している他の職種の者も、所属協会による身分・資格の認定から出発したという歴史的背景を踏まえての提案であった。

この提案は、日本医療社会事業協会首脳部を十分に説得できなかったために宙に浮く結果となった。この間に一連のいわゆる過激派運動が重なり、やがては「これほど重要な職種を放置している厚生省が悪い」という支離滅裂な論議が日本医療社会事業協会を圧する結果となった。

九州医療社会事業協議会提案を別にして、現在も医療領域のソーシャルワーカーの基本姿勢には「他力本願」の傾向が強く認められる。

平成二年末、厚生省健康政策局は「社会福祉士」とは別に「医療福祉士」についての身分法の試案を提示したが、「医療福祉士」の身分法は実現しなかった。その後、精神科領域のソーシャルワーカーに対する身分を定める「精神保健福祉士法」が成立した。

社会福祉士法および精神保健法の利用

社会福祉士法および精神保健福祉士法の成立の背景には、高齢社会の出現を予測しこれに対応する施策をたてなければマスコミを初めとする勢力に対することができない、という防衛姿勢が認められる。これは、あくまでも政

治的動機そのものなのである。
　こうして、社会福祉士法および精神保健福祉士法は成立した。
　しかし、残念ながら社会福祉士のライセンスは健康保険などの医療保険収入に関与しない。身体疾患を中心に取り扱う医療領域のソーシャルワーカーにとって、社会福祉士および精神保健福祉士の資格は、直接、役に立つものではない。
　ただ、医療機関で医療業務を担当するスタッフのほとんどはライセンスの取得者であるので、社会福祉士や精神保健福祉士のライセンスの有無は、病院におけるソーシャルワーカーにとっても自らの存在理由の証明に役立つかも分からない。
　ただし、これはあくまでも社会福祉士および精神保健福祉士の便宜的利用法のレベルにとどまる。
　表現は悪いが、これらの身分法は、これまではスッ裸であった身体疾患の医療領域で活動するソーシャルワーカーにとって「イチジクの葉っぱを身にまとった」という段階になった、と認識・自覚することが本筋になる。
　一般医療の領域で通用する衣服を身にまとう努力を、他力本願ではなく自らの手で追及しなければならない。残念ながら、現段階の大学など教育機関には期待できないからである。

欧米のソーシャルワーク事情

　貧困者の救済を中心に、欧米の医療領域でアーモナー（almoner）と呼ばれる人々がキリスト教の活動の一環として援助活動を始めたのは、キリスト教の歴史とともに古い。
　二十世紀にはいって、イギリス、アメリカではソーシャルワークという新しい衣裳を身にまとって変身した。
　その歴史については、他の参考書を参照されるとよい。
　第二次世界大戦後、社会主義政治体制をとったイギリスでは、ソーシャルワーカーは公務員として存在することになった。イギリスには、わが国のような民間のソーシャルワーカーといった視点はない。

アメリカには病院認定合同委員会（Joint Commission on Accreditation of Hospital）という病院のランクを認定する委員会があり，病院各部署について，詳しい項目にわたって審査している。

このマニュアル（accreditation manual for hospital）では，A4判の四頁をさいてソーシャルワーク（social work services）の認定基準を述べている。

アメリカの病院では，どの程度，ソーシャルワーカーに具体的な期待をしているかという目安になる。

その内容は，大きく基本原理（principle）と五つの基本原則（standard）で成り立っている。各スタンダードには，それぞれ詳細な解説（interpretation）がついている。参考までに《原理》と《原則》を原文で紹介する。

PRINCIPLE

social work services shall be readily available to the patient, the patient's family, and other persons significant to the patient, in order to facilitate adjustment of these individuals to the impact of illness, and to promote maximum benefits from the health care services provided.

STANDARD I

Social work services shall be well organized, properly directed, staffed with a sufficient number of qualified individuals, and appropriately integrated with other units and depertment/services of the hospital.

STANDARD II

Social work services personnel shall be prepared for their responsibilities in the provision of social work services through appropriate training and education programs.

STANDARD III

Social work service shall be guided by written policies and procedures.

STANDARD IV

Adequate documentation of social work services provided shall be included in the patient's medical record.

STANDARD V

> The quality and appropriateness of social work services provided to patients shall be regularly reviewed, evaluated, and assured through the establishment of quality control mechanisms.

　わが国での医療領域のソーシャルワークのマニュアルは，昭和三十年代にも厚生省の業務指針があったが，平成元年二月に厚生省健康政策局計画課・医療ソーシャルワーカー業務指針検討会が「医療ソーシャルワーカー業務指針」を作成した。その業務指針の内容は，アメリカの病院認定合同委員会のマニュアルと比較して基本的には大同小異である。参考までに，付録として巻末にあげておく。

　ただ，アメリカでは認定合同委員会が病院のランキングを審査する際に，ソーシャルワーク・サービス部門も審査の対象になる。わが国には，厚生省の業務指針にもとづく業務監査はない。したがって，資質の向上は自らの努力によって，ソーシャルワーカーが一定のレベル達成を目指すしかない。

12 ソーシャルワーカーと医療機関

ソーシャルワーカーが働く医療分野

医療と一口にいっても，目的によって三つに大別できる。

> 1．疾病の予防・早期発見を目的とする領域
> 2．キュアを主体とする医療を行う領域
> 3．ケアを主体とする医療を行う領域

　最初にあげた「疾病の予防」を取り扱う領域は，疾病の予防・早期発見および健康の保持を目的とする。医療機関としては，保健所，一般病院に併設された人間ドックなどがある。

　二番目に出てくる「キュア」をテーマに活動する領域は，一般的に，クリ

ニックもしくは病院といっている医療機関である。要するに，病気を治すことを目的にするところである。

一口に「治る」といっても，治り方にはさまざまな形態があることは前にも述べた。念のために再掲する。

完全治癒：発病する前と同じ程度にまで，健康を回復したとされる状態
欠損治癒：身体上に，何らかの回復できない欠損もしくは欠陥を残したまま，治ったとされる状態
寛　　解：それ以上の回復は困難であるが，再発の可能性を残したまま，一応，治ったとされる状態
完全寛解：再発の可能性は全く否定はできないが，ほぼ，治癒と同じと認められる状態

治癒（cure）もしくは寛解（remission）を目標として医療行為を実施する医療機関には一般病院，精神病院がある。特殊な分野として，この他に腎透析病院，リハビリテーション病院などがある。

三番目に出てくる「ケア」をテーマとする領域には老人病院，末期癌患者を収容するホスピスなどがある。また，一般病院でも二次的にケアに関与する場合もある。

予防医学の分野，キュアを目指す分野，ケアを目標にする分野のいずれであっても，ここでのソーシャルワーカーは，患者の医療目的を阻害する心理・社会的要因の改善を目指して，医師・看護スタッフという直接の医療担当者の業務の遂行に専門的に協力するのである。

医療という現実場面の中に，医師がオール・マイティであるとする考え方が根強く残っていることは事実である。しかし，この考え方を支えているのは，患者に代表される受療者側にあることを忘れてはならない。

基礎社会学に関する専門知識を有し，組織体が「タテ社会」ではなく「ヨコ社会」構造で成り立っていることを専門的にわかっているソーシャルワーカーが，素人論に惑わされるようなことはないはずである。

ソーシャルワーカーは，医療領域における医学・看護学については素人で

ある。したがって，専門ソーシャルワークの実施に当たっては，主治医・看護スタッフと綿密な連携を保ち，主治医の治療方針・看護スタッフの看護方針を確認した上で作業しなければならない。

〔ソーシャルワーク援助の際の注意事項〕
1．必ず，患者の病気の状態を主治医に確認する。
2．主治医の確認が困難な場合には，次善の策として，看護責任者から患者の病状について確認する。
3．必ず，医師の診療録・看護スタッフの看護記録を読む。
　1）診断名の確認
　2）主治医による治療経過の確認
　3）看護スタッフによる看護経過の確認
4．治療の過程および看護の過程で，医師・看護スタッフが意識的に避けている話題もしくは禁止項目には，絶対に触れない。
　1）悪性腫瘍（癌，肉腫）などの疾患で，患者の心理的負担を増やさないために，意図的に病名告知を避けている場合
　2）病気の予後について，意図的に伏せている場合

以下，キュア（cure）およびケア（medical care）を実施する病院を中心にして，ソーシャルワーク援助の具体像の一端に触れる。

一般病院

　身体の治療を行う医療機関には，「単科」の診療を行う病院または診療所，「複数の診療科目」を有する一般病院または診療所がある（以下，診療所・病院を総括して，便宜的に病院ということにする）。
　病院には，病気になった人が診療を求めて来院する。
　ここでは，医師によって病状の改善を目的として，診断・治療が実施される。

```
1．疾病の認定──→『診断』
2．治療方針の決定
3．治療開始
4．治療終結
```

《診断》の段階での作業は，医師による問診・聴診・視診・触診，診療協力技術者（co-medical technicians）による諸検査が実施される。医師はこれらの資料をもとに，消去法によって診断を確定する作業を行う。

診断の段階で医師にもっとも要求されるのは，診断名の確定までの，類似症状をしめす他の疾患との鑑別である。

心身の相関性を重視する広義の心身医学の視点に立てば，診断段階でコ・メディカル・プロフェッショナルとしてのソーシャルワーカーが関与できる部分は，患者の日常生活を中心とした「心理・社会的情報の提供」ということになる。

ケースワーク面接のプロセスには，インテーク面接（intake interview）という固有の技法がある。クライエントの生育・生活歴を中心に，クライエントに関する情報およびクライエントを取り巻く人間関係についての資料を収集する技法である。インテーク面接で収集した情報を，医師・看護スタッフの求めに応じて患者の診断の資料として提供するのである。

治療方針が確定して《治療》段階になった後も，その過程の中で，治療方針の修正・変更が病状の変化と平行してなされる。この間，身体的諸検査・看護スタッフによる介護が実施される。

治療段階でソーシャルワーカーに求められる役割は，次の事項である。

```
1．患者自身に関する心理社会的資料の提供
2．患者を取り巻く人間関係に関する資料の提供
3．患者または患者家族に必要な現実問題解決のための援助
4．人間関係の調整（environmental manipulation）
```

《治療終結》の形には，「治癒」「寛解」「死亡」の三つがある。

「寛解」で治療が終結する場合には，病気の再発の危険性を，十分，頭に入れておかなければならない。したがって，入院していた単身者の退院後の健康管理については，地域社会にある社会的資源の利用を目的にした援助が必要になることが多い。

なお，「死亡」の転帰をたどる場合に，時によっては，ソーシャルワーカーに援助が求められることがある。精神科が常設されている一般病院では，コンサルテーション・リエゾン精神医学の立場から精神科医が介入することが多いが，ソーシャルワーカーが介入することも少なくない。

この場合のソーシャルワーカーの役割は，ケースワークの技法に従って，次のことを行うが，詳細については後で述べる。

1．患者の不安，患者家族の不安に対処する援助
2．現実問題解消のための援助

この他に，腎機能障害の改善を目的に腎透析を行っている病院，リハビリテーションを主眼にした病院などがある。専門病院でのソーシャルワークは原則的には上記と同じであるが，疾患が持っている特殊性から出てくる問題の解決援助が付加される。

腎機能を人工的にカバーする腎透析病院での患者は，透析治療中，腎透析装置によって拘束される。患者は，腎機能の低下という条件のために，社会生活面での制限というハンディキャップが加わり，現実生活での障害に直面している。さらに，透析装置によって身体的に拘束されている間も，いろいろのことを考える時間的余裕がたっぷりある。

ここで出てくる問題の一つは，先行き不安である。その結果，抑うつ状態になったり，心因反応を起こしたりする。この問題への対応は，不安を十分に吸収することである。症状が酷いときには，精神科医へリエゾンする必要がある。なお，抑うつ状態は自殺行為に至ることを念頭に置いたうえで対処しなければならないので，精神科専門医の指導が必要になる。

腎透析診療科のソーシャルワーカーに提示される二つめの問題は，社会生

活を制限されることから発生する「現実的な問題」への援助である。

次に，リハビリテーションを受ける患者は欠損治癒という予後であるから，腎透析の患者とは異なった対応と援助が必要になる。

一般病院のリハビリテーション科では整形外科，内科系の患者に限らず，ほぼ全診療科の患者が対象となる。したがって，リハビリテーション療法とスタッフへのコンサルテーションが課題となる。リハビリテーション専門病院では，専門的治療が主体になる。

障害の範囲は骨格，筋肉，神経が中心になり，理学療法士（PT），作業療法士（OT），言語聴覚士（ST）などのコ・メディカル・テクニシャンとの接触が多くなる。

これらの技術者との協力作業を有効に進めるためにも，障害部位についての解剖学的知識が必要になる。もし，この点の知識が欠如すると，これらの技術者の「単なる下請者」として遇される可能性もある。

ソーシャルワーカーとして，特に配慮しなければならないことは，自らの専門性を明確にするためにも，一緒に仕事をする職種の専門分野についての知識を必要に応じて持つ努力をすることである。

精神科領域の病院

この分野でのソーシャルワークは「精神医学ソーシャルワーク」という。英語の psychiatric social work の略語，PSW がよく使われる。

第一次世界大戦の時，戦場の兵士の戦争神経症に対応するために，精神科医，サイコロジストとともにソーシャルワーカーが駆り出された。それが PSW の始まりといわれている。

精神科領域のスタッフは，精神科医（psychiatrist）は精神医学，精神科看護師（psychiatric nurse）は精神科看護学という専門的な知識と治療・看護技術を身につけている。

しかし，ソーシャルワーカーの精神疾患についての専門的知識と患者への対応技法に関する教育は，決して，十分とはいえない。

ソーシャルワーカーには精神病院で治療を受けている患者に対しての科学

的な理解もなく，しかも，「精神障害者は不当に疎外されている人」であるという善意的認識が，科学的知識・科学的技法よりも優先していると指摘されることがある。

たしかに，精神医学は，他の身体医学よりも遅れをとっていることは否定できない。それだけの理由で，精神医学は形而上学レベルのものと決め付けるのは明らかに間違っている。

精神疾患の病因論（etiology）の進化，向精神薬の開発・進歩によって，症状改善の実績は確実に評価されるようになってきた。向精神薬については前にも触れたが，例えば，抗うつ剤（感情調整剤）の開発に伴って，躁うつ病が国際疾患分類第十版（IDC 10）では精神病から除外されるまでになった。

精神科領域疾患は，かなり流動的であるという認識をソーシャルワーカーも持つ必要がある。

向精神薬（神経遮断剤，抗うつ剤，抗不安剤）の発達，特に，精神科以外の一般診療科での抗不安剤・抗うつ剤の投与の普及とともに，今では精神疾患の理解の程度は拡大されるようになった。

この一般的傾向の変化は，精神病院で取り扱う精神疾患の内容，範囲を明らかにする結果になっている。

1．精神科固有の疾患
　1）　精神分裂症などの器質的障害
　2）　薬物依存，アルコール依存などの性格障害……など
2．一般診療科での取扱いが困難な精神的症状を示す疾患
　1）　自殺念慮，自殺企図の症状が認められるうつ病
　2）　放浪症状を示す老人性痴呆
　3）　その他

精神障害者を収容して治療する目的は，自殺を含む自傷行為からの防御と他人への加害行為の防止および症状の改善にある。

コ・メディカル・スタッフとしてのソーシャルワーカーが患者に対する適正な対応を満たすためには，個人的な世界観だけではなく，精神障害につい

ての科学的な知識が絶対に必要である。

　ソーシャルワーカーにとって，医師・看護担当者などとの綿密な連携，さらに患者の病状の正確な把握は，患者の保護と同時にソーシャルワーカーの危険防御のためにも厳守しなければならない重要な基本的姿勢になる。

　精神科疾患の予後は「寛解」になるので，精神疾患患者にとっては，人並みな日常生活を継続することが困難になる場合が多くなる。

　ソーシャルワーカーの精神病院における役割と対応は，次の通りである。

〔一般的役割〕
1. 患者の社会的環境に関する情報の主治医・看護スタッフへの提供
2. 患者の療養生活を保持するために必要な具体的援助

〔入院患者への対応〕
1. 社会生活訓練（social skills training）の実施
2. 単身者または家族の引取りが困難な患者の落ち着き先の開発
   1) 居住先
   2) 仕事先
3. 家族会などのグループワーク援助

〔退院後の自宅療養患者への援助〕
1. 家庭訪問（必要に応じ職場訪問を含む）
   1) 社会生活適応にともなう心理的不安の解消援助
   2) 生活上に障害となる具体的現実問題の解決援助
2. 福祉事務所，保健所など関係行政機関との連絡
3. デイケア施設との連絡・連携

　精神疾患のうち代表的疾患とされる精神分裂症（schizophrenia）の予後は，残念ながら，寛解までにとどまっている。

　ソーシャルワーカーは，直接，治療そのものに携わるわけはないが，病状の再発予防のためには，患者への刺激を避ける必要性がある。

　患者に対する不必要な刺激の中には，ソーシャルワーカーの不用意な言動も含まれていることを忘れてはならない。

また，再発予防の観点から，投与された薬をきちんと服用させる「服薬管理」にも，十分，気を付けなければならない。自宅療養を続けている患者については，医師・看護スタッフの目から離れることになる。家庭訪問などの機会があったときには，患者自身あるいは家族などに確かめ，情報として，医師に提供する必要がある。服薬拒否などの言動は，状態像を示す「症状の一つ」であることも忘れてならない。

　この他に，精神病院には，精神病院がもっとも適正かつ適当という判断にもとづく選択ではなく，家族制度の変化にともなって，家族での管理に困った人を精神病院に入院させるという状況もある。老人性痴呆患者の収容の問題も，一つの例である。

　これらのことについて成果をあげるためには，病状についての適正な把握がなされていなければならない。

　精神科ソーシャルワーカーは，コ・メディカル・プロフェッショナルとして，専門的知識と専門的技能で精神科医療に協力できる実力をもたなければならない。もしも，この条件を満たしていなければ，医師・看護スタッフの単なる下請者となるか，ボランティア的存在になってしまう危険性がある。

老人病院

　高齢社会の時代になったといわれている。厚生省は65歳以上を「高齢者」，15〜64歳までを「生産年齢」と規定し，わが国の将来人口を推計している。

```
1986年     高齢者　1人：生産年齢者　6.5人

2013年     高齢者　1人：生産年齢者　2.8人
                          （総人口のピーク）

2021年     高齢者　1人：生産年齢者　2.5人
                          （高齢化のピーク）
```

　人の体力は25歳頃までは成長を続けるが，それ以後は徐々に衰退の傾向を

辿る。女性には閉経という身体的な変化があり，更年期というエポックが受け入れられている。男性の場合には女性のような生理的サインを示す時期がない。

　一般的な表現として，壮年期・中年期・老年期がある。さらに，老年期を初老期・中老期と分けたりする。ただ，何歳から何歳までというはっきりした区分はない。体力の衰退の程度によって，おおまかに言うことが多い。老人に関わる法制を規定した老人保険法・老人福祉法にも，「老人」についての定義はない。さらに，いわゆる「老人」とされる年配者でも，老人と呼ばれたり，年寄り扱いをされることに抵抗を示す人も少なくない。

　個人差はあるが，四十歳前後になると，身体には衰退的な変化が認められるようになる。

〔一般的特徴〕
　1．臓器の萎縮
　2．臓器の機能の低下
　3．生体反応予備能（ホメオスターシスの障害，反応に対する復元力）の低下
　4．中枢神経系の反応性変化

〔外見上の特徴〕
　1．低身長
　　1）脊椎の後彎
　　2）脊椎の短縮
　2．皮下脂肪の減少
　3．皮膚の弾性低下
　4．骨格筋の萎縮
　5．小股歩行
　6．筋緊張の亢進
　7．運動時における手の細かい振せん

　各臓器に現われる萎縮，機能低下の細目については省略する。

これらの加齢にともなう身体の衰退に成人病が加わった状態の人が老人病院を受診し，必要に応じて入院する。
　ところで，家族制度の変化によって核家族化が定着した。したがって，老人病院は加療を必要とする老齢者にとどまらず，家族側の家庭的な都合で入院させるという事態が起こってくる。後者の場合には，老齢者の家族からの疎外という新しい課題が提起されることになる。
　高齢者の医療という本来的な病院の機能のほかに，社会的な要素が加味されるところから，ソーシャルワーカーへの役割期待という新しい問題が出てくる。したがって，ソーシャルワーカーは老齢者の治療への協力と老齢者が置かれている家族が抱える社会的な問題への対処という二つの課題と向かい合うことになる。

1．高齢者に固有な疾患の改善のためのスタッフへの協力
　1）疾患の予後は，寛解が多いことを理解する。
　2）医療スタッフへの協力内容は同じである。
2．患者への心理的サポート
　1）先行き不安の解消
　　・疾患の予後に対する不安
　　・家族から疎外されることへの不安
　2）雑談の相手
　3）家族などとの上手な付き合い方の訓練（social skills training）
3．患者を取り巻く人々への援助
　1）人間関係調整
　2）患者との上手な付き合い方の訓練（social skills training）
4．経済的問題などの現実問題の解消

　老人病院で患者に接し，応対する際には，患者に「おじいちゃん」「おばあちゃん」という呼び掛けをしてはならない。親しみを込めたつもりであっても，相手としては"馬鹿にされた"と受け取ることが多い。
　「おじいちゃん」「おばあちゃん」呼ばわりしても差支えないような人間関

係ができたときは別にして，原則的には，きちんとした正式な名字で呼び掛けなければならない。

13 援助手段としての法制度

直接関連法，間接関連法

ソーシャルワーカーが現実問題を援助する際には，社会的資源の一つとしてさまざまな法律による援助を行う。

医療領域のソーシャルワーカーが利用する法律には，社会保障関係法・社会福祉関係法・公衆衛生関係法という直接的な法律と，親族法を中心とする民法などの間接的な法律がある。

間接的な法律を除いて，直接的にかかわりが大きい法律を列記するが，制度的には地方自治体ごとに差異があり，すべてに触れるのは困難であるので一部だけ述べる。

社会保障関係法

社会保障関係法の代表は《社会保険》である。

保険は何らかの事故に備えてあらかじめ一定の金額を掛けておき，保険が給付対象と定めた事故（保険事故）が発生した際に補償を受けるという制度である。

この制度には，保険事業を企業という形（保険会社）で行う「私保険」，国家が国民のために行う「社会保険」の二つがある。

〔社会保険の種類〕
1．健康保険
2．国民健康保険
3．厚生年金保険

4．国民年金
　　5．労働者災害補償保険
　　6．雇用保険
　　7．介護保険
　　8．船員保険
　　9．国家公務員等共済組合
　　10．地方公務員等共済組合
　　11．私立学校教職員共済組合
　　12．農林漁業団体職員共済組合

　社会保険は，「病気・けが」「分娩」「老齢」「障害」「死亡」「脱退」「失業」を保険事故の対象としている。

　社会保険のうち，病院のソーシャルワーカーが患者の援助に際してかかわりが深いものは，主として病気，けがといった保険事故としての《医療事故》に対する保険である。

　医療事故は，「業務外」「業務上」に分けられる。業務外の医療事故に対する社会保険には「健康保険」と「国民健康保険」の二つが，代表的なものとしてある。

　業務上および通勤災害を医療事故の対象とする社会保険には「労働者災害補償保険法」がある。事業主は，労働基準法によって業務上および通勤時の医療事故への補償の義務が負わされている。この補償費用の事業主による個人的負担を軽減する目的で，労働者災害補償保険法が設けられている。したがって，保険の掛金（保険金）は事業主が負担する。

　船員を被保険者とする「船員保険」，公務員などを被保険者とする「各種共済組合」は単一の保険事故を対象にするものではなく，複数の保険事故を対象とする複合保険である。もちろん，船員保険・各種共済組合も医療保険を含んでいる。なお，共済組合の給付内容は，ほぼ健康保険などと同様であるが，具体的な面ではそれぞれ差異がある。

　介護保険は《医療事故》に対する保険ではないが，介護保険は医療後のケアとの関連があるので制度についての正確な理解と把握が必要になる。

〔医療事故に対応する社会保険〕
　1．業務外の医療事故
　　1)　健康保険　　2)　船員保険　　3)　各種共済組合
　2．業務上・通勤災害による医療事故
　　1)　労働者災害補償保険　　2)　船員保険　　3)　各種共済組合
　3．業務とは無関係の医療事故
　　　国民健康保険

「分娩事故」には，出産給付の制度がある。正常分娩は病気ではなく，生理現象であるために，直接，医療保険は適用されない。しかし，異常分娩については，異常分娩に対する医学的処置の範囲に限定して，医療保険が適用される。

健康保険などの医療保険には，医療事故に付随する「死亡事故」に対して死亡給付がある。

さらに，病気・けがなどによって一定の障害が残ったときの「障害事故」，一定の年齢に達したときの「老齢事故」に対する代表的な社会保険に《年金保険》がある。

年金保険は，入院など，治療期間が長引く患者および患者家族の医療費・生活費援助の際に役立つ資源となる。

〔障害事故に対応する社会保険〕
　1．業務外の障害
　　1)　厚生年金保険　　　　2)　国民年金
　2．業務上の障害
　　1)　船員保険　　　　　　2)　労働者災害補償保険
〔老齢事故に対応する社会保険〕
　1．厚生年金保険
　2．国民年金

健康保険

健康保険は，政府および健康保険組合が保険者となり，常時，五人以上の従業員を使用する事業所などが被保険者になって運営される《医療保険》である。被保険者・その家族（被扶養者）の「病気・けが」「死亡」「分娩」という保険事故に対する保険給付を行う。

以下，健康保険の概要を述べる。詳細については，各自の研究を期待する。

〔保険者〕
1. 政府（政府管掌健康保険）
   1) 社会保険庁　　　　　3) 社会保険事務所
   2) 都道府県保険主管課（部）
2. 健康保険組合（組合管掌健康保険）

〔被保険者〕
1. 強制加入
   1) 強制的に健康保険法が適用される事業所で使用される人（強制被保険者）
   2) 任意適用の事業所であって，包括加入の認可を受けた事業所で使用される人（任意包括被保険者）
2. 任意加入（任意継続被保険者）
   保険資格を喪失する前までに，継続して2か月以上，強制被保険者または任意包括被保険者であった本人が，資格喪失した日より20日以内に申請すれば，2年間の資格継続ができる

〔被扶養者〕
被保険者に扶養されていて，主として，被保険者によって生計をたてている人
   1) 被保険者と同一世帯でなくてもよい人
      ① 直系尊属　　　　　③ 子
      ② 配偶者（内縁を含む）　　④ 孫・弟妹

2）被保険者と同一世帯でなければならない人
　　　① 三親等内の親族
　　　② 内縁配偶者の父母および子
　　　③ 内縁配偶者死亡後の父母および子
〔保険給付〕
　1．傷病給付
　　1）本人給付
　　　① 療養の給付　　　③ 特定療養費
　　　② 療養費（療養費，看護費，高額療養費）　　④ 傷病手当金
　　2）家族給付
　　　① 家族療養費　　　② 高額療養費
　2．出産給付
　　1）本人給付
　　　① 分娩費　　　　　③ 育児手当金
　　　② 出産手当金
　　2）家族給付
　　　① 配偶者分娩費　　② 配偶者育児手当金
　3．死亡給付
　　1）本人給付……埋葬料
　　2）家族給付……家族埋葬費

　健康保険は，本来，国が行う事業であるが，常時七百人以上の従業者を有する企業の健康保険組合，または中小企業が集まった総合健康保険組合（三千人以上）が国に代わって健康保険を運営できる制度がある。健康保険組合が保険者となるものを「組合管掌健康保険」という。
　保険給付の内容は，政府が，直接，保険事業を行う「政府管掌健康保険」と基本的には全く同じであるが，組合管掌健康保険には附加給付制度が認められている。

〔組合管掌健康保険の附加給付〕
1. 傷病手当附加金　　6. 分娩附加金
2. 延長傷病手当金　　7. 配偶者分娩附加金
3. 出産手当附加金　　8. 育児手当附加金
4. 埋葬料附加金　　　9. 家族療養附加金
5. 家族埋葬料附加金　10. 傷病補給金（見舞金）

　日雇労働者については，昭和二十八年から日雇労働者健康保険制度が設けられていたが，昭和五十九年の法改正によって廃止され，日雇労働者は健康保険の「日雇特例被保険者」となった。
　日雇特例被保険者と認定されるためには，一定の条件が定められている。保険給付の種類は健康保険の被保険者とほぼ同じであるが，療養の給付開始の条件・給付期間など，一般の被保険者と異なる点がある。

国民健康保険

　わが国の社会保険の医療保険は，職域保険としての健康保険，地域保険としての国民健康保険の二本立て構造になっている。
　国民健康保険は昭和十三年に，任意設立・任意加入とする市町村単位の国民健康保険組合，都市等における同種同業の人を対象とする特別国民健康保険組合を保険者として発足した。その後，昭和三十八年の全文改正により，昭和四十六年以降，全国の市町村は国民健康保険事業の実施が義務づけられた。また，昭和五十九年の改正によって，退職被保険者制度が導入された。

〔保険者〕
1. 市町村および特別区
2. 国民健康保険組合（同じ地域にある同種の事業・業務に従事する者で組織した組合）

〔被保険者〕

1．強制加入
  1) 市町村に居住している人，その世帯に属する人
  2) 国民健康保険組合の組合員，その世帯に属する人
2．任意加入
  国民健康保険には任意加入はない
3．適用除外
  1) 健康保険・船員保険の被保険者，その扶養家族
  2) 各種共済組合の組合員，その扶養家族
  3) 生活保護法の適用を受けている世帯に属する人
  4) 国民健康保険組合の被保険者
  5) らい療養所の入所者，その他，特別な理由があり，厚生省令で定めるもの
〔保険給付〕
1．傷病給付
  1) 療養の給付   3) 療養費
  2) 特定療養費   4) 高額療養費
2．出産給付
  1) 助産の給付   2) 助産費
3．死亡給付
  1) 葬祭の給付   2) 葬祭費

船員保険

船員保険は，船員だけを対象とする社会保険で，医療保険・災害保険・雇用保険を包括する「総合保険」である。

〔保険者〕
 政　府
  1) 社会保険庁   2) 都道府県保険主管課（部）

3) 社会保険事務所　　5) 公共職業安定所

4) 地方運輸局

〔被保険者〕

1. 強制被保険者

　　船員法第1条で定める「船員」であって，船舶所有者に使用されている人

2. 疾病任意継続被保険者

〔保険給付〕

1. 本人給付

　1) 傷病給付

　　① 療養の給付　　　　④ 高額療養費

　　② 特定療養費　　　　⑤ 傷病手当金

　　③ 療養費

　2) 出産給付

　　① 分娩費　　　　　　③ 育児手当金

　　② 出産手当金

　3) 死亡給付（業務上・業務外）

　　葬祭料

　4) 失業給付

　　① 失業保険金　　　　⑤ 宿舎手当

　　② 傷病給付金　　　　⑥ 再就職手当

　　③ 高齢求職者給付金　⑦ 移転費

　　④ 技能習得手当金

　5) 障害給付

　　① 障害年金　　　　　③ 障害年金差額一時金

　　② 障害手当金　　　　④ 障害差額一時金

　6) 遺族給付

　　① 遺族年金　　　　　③ 遺族年金差額一時金

　　② 遺族一時金　　　　④ 行方不明手当金

2. 家族給付

```
    1) 傷病給付
       ①　家族療養費　　　②　家族高額療養費
    2) 出産給付
       ①　配偶者分娩費　　②　配偶者育児手当金
    3) 死亡給付
       家族埋葬料
```

ソーシャルワーカーの援助手段としての医療保険

　病院の医療費の大部分は，健康保険・国民健康保険・船員保険・共済組合・労働者災害補償保険の医療保険によって支払われている。したがって，病院には，専門に医療事務を担当する職種の者がいる。ただ，医療事務担当者は，一般的かつ原則的な事務操作を第一義的業務とする。

　患者は，医療保険のすべてを理解して利用しているとはいえない。せいぜい耳学問的知識にとどまっていることが多く，当然，利用してよい給付制度を利用していないことがある。

　ソーシャルワーカーは，患者の身辺に発生した患者固有の問題を援助するのであるから，医療事務担当者よりも一歩踏み込んだ対応をしなければならなくなる。手続きは患者自身が申請をしなければならないものが大部分で，代理手続きには委任状が必要になる。

```
  1．特別療養費        6．出産手当金
  2．高額療養費（本人，家族）  7．配偶者分娩費
  3．傷病手当金        8．配偶者育児手当金
  4．分娩費          9．葬祭料（本人，家族）
  5．育児手当金
```

　これらの問題は，長期の入院になったり，思いもかけずに医療費が高額になったりした時，政府管掌健康保険の被保険者などの時に起こりやすい。

これらの詳細について触れることは避けるが，ソーシャルワーカーは，問題が発生した際の適正な対応ができるために，研究しておく必要がある。

厚生年金保険

厚生年金保険は，厚生年金保険法にもとづいて運営されている制度で，昭和十七年に発足した。初めは労働者年金保険といっていたが，昭和十七年に厚生年金保険と改められた。

その後，昭和三十六年の国民年金の発足，本格的な高齢社会の到来を控え，国民皆年金体制を確立するために，国民年金・厚生年金保険・船員保険の改正，さらに，共済年金についても基礎年金などの導入をはかって現在に至っている。

〔保険者〕
1．政　府
　1）　社会保険庁　　　　3）　社会保険事務所
　2）　都道府県保険主管課（部）
2．厚生年金基金
〔被保険者〕
1．強制加入
　1）　当然被保険者
　　……強制的に法が適用される事業所で使用される65歳未満の人
　2）　任意適用被保険者
　　……任意適用の事業所で使用される65歳未満の人
2．任意加入
　1）　任意継続被保険者
　　……継続加入の承認を受けた人
　2）　任意単独被保険者
　　……個人的に単独加入の承認を受けた65歳未満の人
　3）　高齢任意加入被保険者

```
        ……事業所に使用される65歳以上の人で，老齢を支給事由とする年
        金の受給権がなく受給権を得るまで承認または認可を得た人
〔保険給付〕
  1．老齢給付
    老齢厚生年金
  2．障害給付
    1) 障害厚生年金        2) 障害手当金
  3．遺族給付
    遺族厚生年金
```

国民年金

　国民年金は，国民皆保険の実現を目指して昭和三十四年に発足した。そのため，すでに国民年金法の公布当時に高齢であった人・身体障害者・母子家庭状態にあった人に対して無拠出年金制度を導入した。
　昭和六十一年の法改正によって，国民年金を国民共通の「基礎年金」とする制度に発展させた。

```
〔保険者〕
  政　府
    1) 社会保険庁            3) 社会保険事務所
    2) 都道府県国民年金主管課（部）  4) 市町村
〔被保険者〕
  1．強制加入
    1) 日本国内に住所を持つ20歳以上60歳未満の自営業者等（平成3年
       4月以降は学生も含む）          （第1号被保険者）
    2) 厚生年金保険・共済組合の被保険者   （第2号被保険者）
    3) 厚生年金保険・共済組合被保険者の被扶養配偶者
                                （第3号被保険者）
```

2．任意加入
   1)　60歳以上65歳未満の自営業者等
   2)　20歳以上65歳未満の在外邦人
   3)　20歳以上60歳未満であって，被用者年金制度の老齢（退職）年金受給権者
〔保険給付〕
  1．老齢給付
      老齢基礎年金
  2．障害給付
      障害基礎年金
  3．遺族給付
      遺族基礎年金
  4．その他
   1)　寡婦年金　　　　3)　特別一時金
   2)　死亡一時金

厚生年金保険・国民年金の障害給付

　患者の経済的援助の際に，患者もしくは患者家族が気がつかなくて見逃す可能性があるものに，年金保険の「障害給付」がある。
　一般的に，年金保険といえば「老齢年金」を連想してしまう傾向がある。したがって，老齢年金の受給資格年齢前であると見過ごしてしまう。

〔障害厚生年金〕
  1．受給要件
   1)　厚生年金保険の被保険者であった期間中に，病気またはけがのために医師の診察を受け（初診），その病気・けがによって，別に定める障害等級表の1級・2級・3級の障害者になったとき
      （障害等級表の1・2級は，国民年金と共通）

2) 障害の認定日
① 初診日から1年6か月経った日
② 症状が固定もしくは病気・けがが治った日
3) 国民年金の障害基礎年金を受給できる要件としての「保険料の納付要件」を満たしていること

2．給付期間
1) 受給権者が死亡したとき
2) 障害が軽減して障害等級に当てはまらなくなってから，3年以内に，再び，障害等級が定めている程度の障害状態にならなかったとき

〔国民年金の障害基礎年金〕

1．受給要件
1) 障害認定日（障害厚生年金と同じ）に1級または2級の障害状態にある人で，一定の保険料納付要件を満たしているとき
2) 障害認定日の段階で，1級または2級に該当する状態ではなかった人が，その後，65歳になるまでの間に，その病気・けがによって，1級または2級の障害状態になり，一定の保険料納付要件を満たしているとき
3) 初めの障害が等級に該当しない軽度であった人が，65歳になるまでの間に，後で障害が発生し，これらの障害を併せて2級以上の障害状況になり，一定の保険料納付要件を満たしているとき
4) 20歳になる以前に初診日がある病気・けがによって障害者になった者は，20歳になった時に1級または2級の障害状態にあるとき

2．給付期間
1) 受給権者が死亡したとき
2) 1級・2級の障害でなくなったとき

老人保健制度

　昭和四十八年の改正老人福祉法の施行以来，老人保健医療対策は，老人医療費支給制度と医療保険各制度（健康保険，船員保険，国民健康保険，国家公務員共済組合，地方公務員共済組合，私立学校教職員共済組合）を軸にして進められてきた。
　昭和五十七年に老人保健法が成立し，疾病の予防から治療，機能訓練までの保健サービスが，総合的に実施されるようになった。

〔保健事業の種類〕
　1．健康手帳の交付　　5．医　　療
　2．健康教育　　　　　6．機能訓練
　3．健康相談　　　　　7．訪問指導
　4．健康診査　　　　　8．その他，政令で定める事業
〔医療等（医療，特定療養費，老人保健施設療養費）の事業〕
　1．対象者
　　1）　70歳以上の人で，医療保険各法の加入者
　　2）　65歳以上，70歳未満の人で一定の障害状態があると認定された医療保険各法の加入者
　2．一部負担金
　　1）　外来：1月に付き，一定の自己負担がつく
　　2）　入院：1日に付き，一定の自己負担がつく
〔医療等以外の保健事業〕
　　　対象者　　40歳以上の人

社会福祉関係法

　社会福祉という課題に関連する法律を列挙すれば，次のものがある。

```
1. 社会福祉事業法      7. 高齢社会対策基本法
2. 民生委員法          8. 老人福祉法
3. 生活保護法          9. 障害者対策基本法
4. 児童福祉法         10. 身体障害者福祉法
5. 母子及び寡婦福祉法 11. 知的障害者福祉法
6. 母子保健法         12. 精神保健及び精神障害者に関する法律
```

以下、これらの法律のうち、医療にかかわりがあるものを中心に、少し触れる。

生活保護法

生活保護法は、日本国憲法第二十五条の「国民の最低限度の生活権」を保障するための法律である。したがって、他の法律で援助できない最後の時に、初めて動き出す法律である。

```
〔保護の種類〕
 1. 生活扶助    5. 出産扶助
 2. 教育扶助    6. 生業扶助
 3. 住宅扶助    7. 葬祭扶助
 4. 医療扶助
```

これらの七つある生活保護の扶助の内、医療を進める際に利用されるのは、医療費にかかわる「医療扶助」と生活費にかかわる「生活扶助」である。

ところで、生活扶助の適用を受けている被保護者には、必要に応じて、他の扶助が併せて支給される。これを扶助の「併給」という。例えば、すでに生活扶助の適用がなされている人が病気になると、病院にかかる費用は「医療扶助」として支給される。生活扶助が適用になる状態の人は、他の費用を負担する余裕はないからである。

「単給」という形の扶助もある。医療費との関連で出てくる場合が多い。生活費の方は何とかなるが，医療費の分だけは生活保護法を適用するというものである。七つある扶助のうち，一つだけの扶助を適用するという形である。医療扶助単給の場合，収入に応じて自己負担が付くことがある。

生活保護法は，最低生活を保障するためにある法律であるから，保護の申請者が持っている能力，資源などを利用した後に，初めて動き出すという規定がある。これを「保護の補足性」または「他法優先」という。

入院など，治療費が高額になったり，治療期間が長期化すると，治療費の問題が現実的問題として表面化してくる。そこで，医療費だけについての保護が受けられないかと考える。

"生活費のほうは何とかなるので，「生活保護」はいらないが「医療保護」だけを受けたい"という相談が，ソーシャルワーカーに持ち込まれることがある。

世間一般には，生活扶助のことを「生活保護」，医療扶助を「医療保護」と言って，別々な基準で運営されているという誤解がある。いうまでもなく，医療扶助は生活保護法の中の扶助の一つである。医療扶助の適用は，生活保護基準に該当するかどうかが前提になる。

たとえ生活保護法を受けたいという申し出があっても，病院のソーシャルワーカーが，そのまますぐに生活保護申請の仕方を指導すればいいということではない。ソーシャルワーカーの職務がその程度であるのならば，専門家（professional）である必要はない。素人（amateur）で十分である。

ソーシャルワーカーとして，まず最初に手をつけなければならないことは，患者もしくは家族の話を聞いて，何か利用できる資源はないかという点を検討することである。

この手順を抜かして福祉事務所を紹介したとしても，もし「他法優先」の条件に抵触するようであれば，受け付けてもらえないだけではなく，病院のソーシャルワーカー自体の信用を一挙に落とすことになる。

〔生活保護法申請前の検討事項〕
1．他法の検討
　1）　扶養義務者（民法877条）の検討
　2）　医療保険の利用
　　　①　高額療養費　　②　傷病手当金
　3）　年金保険の利用
　　　　障害年金
　4）　他の社会福祉法・公衆衛生法の利用
　　　　（具体例は省略）
2．動産・不動産の利用の検討
　　　　預貯金（生命保険なども含む）など

　一般的な傾向として，患者・患者家族は，病気になったことで「不安」になっている。最初に，話をよく聞くという作業は，患者・患者家族の「不安の域値」をさげるという大事な手順なのである。

　相談者 (applicant) は，相談申請 (application) の段階で「相談しよう」「相談しないでおこう」という全く反対の気持ちを，同時に持ったまま来ていることがある。この心理状態は，専門用語で「アンビバレントな状態」と言う。その結果，さまざまの防衛機制（defensive mechanism）を使うことになる。

　このような相談者の気持ちを的確に把握した上で，肝心な問題に迫るアプローチをすることがソーシャルワーカーに要求される。もしかして，経済的な問題の提示が防衛機制の「置き換え (displacement)」であったら，間違った対応をすることになる。

　たんに，機械的な手続き指導ですむものであれば，ソーシャルワーカーを必要としない。

　さて，相談申請者の問題が，たしかに治療費を中心とする問題であった時に絞って先に進むことにする。

〔生活保護法申請手続きの手順〕
  1．他法・制度の検討
   1) 利用できるものがある ──→ 他法・制度の利用援助
                      （福祉事務所への紹介は中止する）
   2) 利用できるものがない ──→ 福祉事務所への紹介
  2．福祉事務所への紹介
   1) 電話
   2) 文書（紹介状）

　ソーシャルワークでは要援助者（client）を他の社会的機関・施設などへ紹介することを送致（referral）と言う。なお，コンサルテーション・リエゾン精神医学ではリエゾン（liaison）という言い方をすることは前に述べた。
　福祉事務所への紹介状を書くときに，特に，ソーシャルワーカーの初心者が注意しなければならないことがある。仕事に慣れないうちは，クライエントに過剰同一化してしまって，保護の適用の必要性を強調するあまり，必要な情報提供が欠落することがある。

〔生活保護法申請の際に役に立つ情報〕
  1．傷病名についての情報
  2．診療科名および主治医の名前
  3．傷病の治療経過および予後についての情報
  4．今後の治療費の見込み金額についての情報
  5．その他，利用してきた他の法制度などについての情報

　これらは福祉事務所の申請受理段階で役に立つ情報である。申請者にも尋ねることではあるが，病院のソーシャルワーカーの情報のほうが客観的情報として役に立つ。
　もちろん，正式に保護申請が受理されると，「診療要否意見書」という様式の文書で主治医の意見が求められる。したがって，申請受理前の紹介状に上

記の情報を記載する際には，主治医から病状について，また，治療費の見込み金額については医療事務担当者との緊密な連絡が必要になる。

なお，保護の相談に行く人には，紹介状の内容について告げておかなければならない。

電話の利用は，病名など，わざと申請者に伏せておく必要があるために，紹介状に記載を避けたといった特別な時に使うべきであって，安易な使用はしないほうがいい。病院と福祉事務所が闇取引をしているという印象を相手に与える結果となることがあるからである。

以上，生活保護法の申請について，ソーシャルワーカーが注意しなければならないことを述べたが，基本的には他のすべての相談・申請手続きに通用することである。

```
〔生活保護法に関する相談・申請手続きの窓口〕
 1. 市　　　　　　　　→居住地がある市の福祉事務所
 2. 政令指定市　　　　→居住地がある区の福祉事務所
 3. 町　　　村　　　　→居住地がある町村役場
```

児童福祉法

児童福祉法のうち，医療と直接かかわりがある制度は《育成医療》である。育成医療は，身体に障害がある十八歳未満の児童が「手術」によって障害の程度を改善できる場合に適用される。育成医療の適用対象になる疾患の範囲を参考までにあげておく。ただし，年度予算との関係で適用の範囲が流動的なことがあるので，前もって相談窓口との協議が必要な場合がある。

相談窓口は，居住地区の保健所である。

なお，育成医療の公費負担は健康保険などの医療保険の自己負担分に当てられるので，生活保護法の医療扶助受給者は除外される。

〔育成医療の対象疾患〕
 1．肢体不自由
　 1) 先天性疾患
　　 先天性股関節脱臼，内反足，斜頸，顔面裂，口蓋裂，X脚，O脚
　 2) 弛緩性疾患
　　 脊髄性小児麻痺，分娩麻痺，末梢麻痺
　 3) 結核性骨関節疾患
　　 脊椎結核，関節結核
　 4) 外傷性疾患
　　 変形治癒骨折，拘縮，不良肢位強直，阻血性拘縮，切断および離断，弾撥膝
　 5) 骨疾患
　　 先天梅毒，クル病，ペルテス病，乳児骨髄炎，脊椎彎曲
　 6) 関節疾患
　　 各種関節炎，拘縮，不良肢位強直，病的脱臼
 2．視覚障害
　　 眼瞼欠損，眼瞼内反症，眼瞼外反症，兎眼症，眼球癒着，眼瞼下垂症，斜視，角膜白斑，瞳孔閉鎖症，白内障，牛眼，網膜硝子体出血，トラコーマ
 3．感覚平衡機能障害
　　 外耳奇形，中耳奇形，中耳カタル，中耳炎後遺症，慢性中耳炎，感音系難聴
 4．音声・言語障害
　　 口蓋裂，喉頭外傷
 5．心臓疾患
　　 先天性および後天性の心臓疾患
 6．先天性内臓疾患
　　 食道閉鎖，腸閉鎖，巨大結腸，肛門閉鎖，胆道閉鎖，尿道上下裂および閉鎖，上記以外の疾患で，あらかじめ協議し承認を受けたもの

```
     7．腎臓疾患
         慢性腎不全
         （透析療法およびこれにともなう医療に限られる）
```

　病院における児童福祉法の利用は，育成医療だけではない。

　乳児を抱えた母親が入院が必要だが，身のまわりに乳児を預かってくれる人がいなくて，入院治療が受けられないといった場合がある。核家族化が進み，隣近所との付き合いが少ないといった状況では，母親が入院している間，乳児院への乳児の入所の問題が出てくる。

　この問題は，福祉事務所（もしくは町村役場）を経由して児童相談所へ相談することになる。

　また，時には，親に虐待されて障害を受けた乳幼児が入院してくるという場合がある。この時も，福祉事務所（もしくは町村役場）を経由して児童相談所との接触が必要になる。

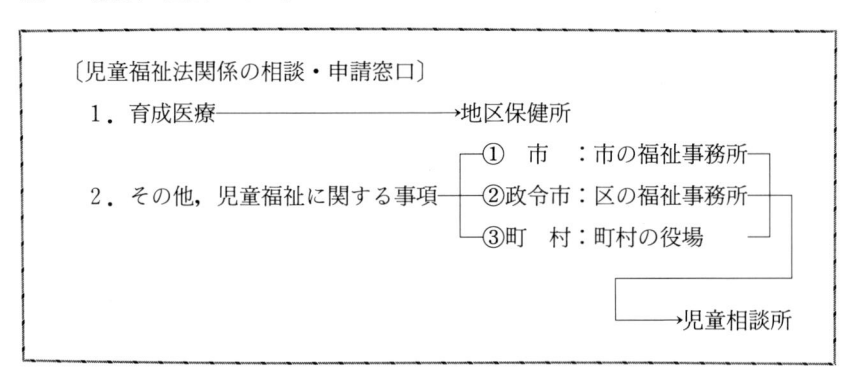

```
〔児童福祉法関係の相談・申請窓口〕
 1．育成医療─────────→地区保健所
                        ┌─① 市　　：市の福祉事務所─┐
 2．その他，児童福祉に関する事項─┼─② 政令市：区の福祉事務所─┤
                        └─③ 町　村：町村の役場────┤
                                          →児童相談所
```

母子保健法

　産科または異常新生児などの施設を有する小児科では，母子保健法の《養育医療》がかかわりを持ってくる。

　養育医療は，未熟児・異常新生児への医療援助の制度で，健康保険など医療保険の自己負担分に対して公費負担がある。生活保護受給者は除外される。

相談・申請窓口は保健所である。

〔用語の定義〕
1．新生児
　：出生後，28日を経過しない乳児
2．未熟児
　：身体の発育が，未熟なまま出生した乳児であって，正常児が出生時に持っている諸機能を得るまでの者

〔養育医療の対象〕
1．未熟児で，医師が入院養育の必要を認めた者
2．正常児が出生時に持っている諸機能を得るに至っていない者
　1）出生時の体重が2,000g以下の者
　2）生活力が特に薄弱であって，次に掲げるいずれかの症状を示す者
　　① 一般状態
　　　・運動不安，痙攣がある者
　　　・運動が異常に少ない者
　　② 体温が摂氏34℃以下の者
　　③ 呼吸器・循環器系
　　　・強度のチアノーゼが持続する者
　　　・強度のチアノーゼ発作を繰り返す者
　　　・呼吸数が毎分50を越えて増加傾向にあるか，または，毎分30以下の者
　　　・出血傾向が強い者
　　④ 消化器系
　　　・生後24時間以上，排便がない者
　　　・生後48時間以上，嘔吐が持続している者
　　　・血性吐物，血性便がある者
　　⑤ 黄疸
　　　生後，数時間以上に現われるか，異常に強い黄疸がある者

身体障害者福祉法

身体障害者福祉法のうち，医療とかかわりがあるのは《更生医療》である。更生医療は，身体障害者手帳の交付をうけている18歳以上の人が，手術によって身体障害の等級を改善できる時に，医療費の支給が受けられる制度である。

更生医療の対象となる疾患は，ほぼ育成医療と同じであるし，支給対象者の範囲も育成医療と同じである。

なお，心臓疾患の手術後，ペース・メーカー埋め込み，人口弁置換した際は，身体障害者手帳の等級が一級に認定される。

また，地方自治体によって違いがあるが，身体障害者手帳の一級および二級を持っている人は，重度障害者として公費負担が適用され，健康保険などの医療保険の自己負担がかからなくなる。

身体障害者福祉法の相談・申請窓口は，居住地が市であれば市の福祉事務所，政令市であれば区の福祉事務所，町村であれば町村役場である。

知的障害者福祉法

地方自治体によって違いがあるが，重度の知的障害者に対しては医療費の公費負担制度がある。

相談・申請窓口は，同じく福祉事務所である。

その他

公費によって医療費の援助をする制度には，以上のほかに，いわゆる《原爆医療》，いわゆる《難病疾患もしくは特定疾患医療》などの制度がある。

平成十年十二月現在，特定疾患にはどのような疾患が含まれているかについて列記するが，今後も病名の追加があるので注意していてほしい。

原爆医療と特定疾患医療の相談・申請窓口は，保健所である。

〔特定疾患〕

1. ベーチェット病
2. 多発性硬化症
3. 重症筋無力症
4. 全身性エリテマトーデス
5. スモン
6. 再生不良性貧血
7. サルコイドージス
8. 筋萎縮性側索硬化症
9. 強皮症, 皮膚筋炎および多発性筋炎
10. 特発性血小板減少性紫斑病
11. 結節性動脈周囲炎
12. 潰瘍性大腸炎
13. 大動脈炎症候炎
14. ビュルガー病
15. 天疱瘡
16. 脊髄小脳変性症
17. クローン病
18. 難治性の肝炎のうち劇症肝炎
19. 悪性関節リウマチ
20. パーキンソン病
21. アミロイドージス
22. 後縦靭帯骨化症
23. ハンチントン舞踏病
24. ウイルス動脈輪閉塞症
25. ウェゲナー肉芽腫症
26. 特発性拡張型（うっ血型）心筋症
27. シャイ・ドレーガー症候群
28. 表皮水疱症（接合部型および栄養障害型）
29. 膿疱性乾癬
30. 広範脊柱管狭窄症
31. 原発性胆汁性肝硬変
32. 重症急性膵炎
33. 特発性大腿骨頭壊死
34. 混合性結合組織病
35. 原発性免疫不全症候群
36. 特発性間質性肺炎
37. 網膜色素変性症
38. クロイツフェルト・ヤコブ病
39. 原発性肺高血圧症
40. 神経線維腫症

公衆衛生関係法

地域保健法では医療社会事業に触れている。地域保健法第六条第七項「公共医療事業の向上及び増進に関する事項」の《公共医療事業》がそれである。

昭和二十年代から三十年代ごろまで，厚生省の医療社会事業の主管課は保健所課であった。病院の業務は，直接，公衆衛生を主とする課題を扱うのではないが，かかわりは非常に深い。

　ソーシャルワーカーが，病院の医療業務の一環としての患者援助面で，知識として持っておくべき法律には「精神保健法」「結核予防法」がある。

　ソーシャルワーカーへの相談には，医療紛争にかかわる問題が絡んでくることがある。したがって，基礎的教養知識として，保健所法，医療法，医師法，薬事法，薬剤師法，毒物及び劇薬取締法，麻薬取締法，あへん法，覚せい剤取締法，大麻取締法，伝染病予防法，性病予防法，優生保護法などについての概要も理解しておく必要がある。

精神保健及び精神障害者福祉に関する法律

　ライシャワー駐日大使傷害事件を機に昭和二十五年に制定された精神衛生法が，昭和六十二年に精神保健法になり，さらに精神保健及び精神障害者福祉に関する法律に変更されて現在に至っている。この法律の目的は，「精神障害者等の医療及び保護を行い，その社会復帰を促進し，並びにその発生の予防その他国民の精神的健康の保持及び増進に努めることによって，精神障害者の福祉の増進及び国民の精神保健の向上を図ること」となっている。

　精神科領域のソーシャルワーカーは，直接，関連があるが，一般診療科のソーシャルワーカーも，一般患者に紛れて専門医による診療を必要とする患者と接することがある。

　保健所の精神保健相談員や，精神科専門医へのリエゾンの際に必要な知識となるので，概要について述べる。詳細は必要に応じて研究してほしい。

〔医療および保護〕
　1．保護義務者
　　1）後見人　　3）親権者
　　2）配偶者　　4）扶養義務者
　2．入院

1）任意入院……本人の同意による入院
　　2）措置入院……自傷・他害のおそれがあり、指定医が入院の必要を
　　　　　　　　　認めた時に都道府県知事が入院させることができる
　3．治療費
　　1）都道府県知事による入院措置
　　　　　……都道府県が全額負担する
　　2）一般精神障害者の通院・入院
　　　　　……都道府県が二分の一負担する
　　3）公費負担の対象になるのは医療保険の自己負担分に対してである

結核予防法

　栄養状態・衛生状態も悪かった終戦後は、国の行政課題として結核が大きな問題であった。
　結核予防法は昭和二十六年に交付された。
　その後、抗結核薬の開発、国民の栄養・衛生状態の改善によって、発症率が激減した。現在、結核という病気は、過去の語り草化しつつある。その結果、ソーシャルワーカーの結核に対する注意も脱落する傾向が認められる。しかし現実問題としては、結核が伝染病であるために、外国人の不法労働者による感染、抗結核薬に対する耐性菌の出現などの問題が出て来ている。数が少ないだけで結核患者は存在するのである。

〔結核に対する医療〕
　1．結核患者
　　1）一般の結核患者
　　　結核菌の感染によって発病したが、結核菌を排出していない者
　　2）従業禁止患者
　　　省令で定める接客業などの業務の従事者で、結核を伝染させる恐れがある者について、都道府県知事は従業を禁止させることができ

　　　　る。
　　3）命令入所患者
　　　　結核患者が，同居者に結核を伝染させる恐れがある場合には，都道府県知事は患者に結核療養所への入院を命ずることができる。
　　　　なお，結核を伝染させる恐れがあると判断されるのは，体外への結核菌の排出が認められる場合，肺内に結核菌による空洞が認められる場合などである。
2．医療費
　1）一般の結核患者
　　①　患者本人またはその保護者の申請によって，都道府県が医療費の二分の一を負担できる。
　　②　公費負担の対象になるのは，医療保険などの自己負担分に対してである。
　2）従業禁止・命令入所患者
　　　患者本人またはその保護者の申請によって，都道府県は医療費のすべてを負担できる。

社会資源としての法制度援助での留意点

　ソーシャルワーカーがソーシャルワーク援助に際して実施する特徴的な手段の一つに，さまざまな法制度の運用がある。ただ，ここで気を付けなければならないことがある。
　法律の的確・適正な運用というのは，法律を正しく理解したうえでなされるものである。素人がもっとも陥りやすい欠点は，勝手な拡大解釈を平気で通用させようとすることである。
　ソーシャルワーカーが法律を利用して援助するといっても，法律の実施機関は別なところである。ソーシャルワーカーは，クライエントにとって最も効果的に役に立つ法律を用いて，クライエントが自立できるように援助するのである。

〔法制度利用援助の留意点〕
1．患者の自立を援助する法律についての幅広い知識が必要である。
　　──→生活保護法が社会福祉にかかわるすべての根幹になる，といった法的知識もしくは法律理解の程度では，適正なソーシャルワークはできない。
2．法律の理解と運用は，ソーシャルワークの専門家として通用する正確なものでなければならない。
　　──→法律の素人的な拡大解釈は，厳しく慎まなければならない。
3．法制度に関する相談・申請窓口を正しく把握しておく必要がある。
　　──→相談・申請窓口を取り違えると，たらい回しされたと誤解され，信頼関係が壊れてしまう。

第四部

ソーシャルワークの実際

14 ケースワーク関係

第三者的存在としてのソーシャルワーカー

　心身の二元的側面を総合的に見ていくのは，医療を担当する者の基本的姿勢である。実際の治療段階では，疾病の状態によって精神的変調が発現する例も多い。その内容は，反応性・機能性・器質性変化というように多種多様である。

　一般に，病院は病気を治してもらいに行くところ，病気とは「からだの病気」と限定してしまう傾向が強い。そこで病気になって病院で治療を受ける時には，患者は自分の病気は身体だけが悪くて医師に診てもらっている，と思い込んでいる。

　最近，一般診療科の医師も向精神薬＊の投与に慣れてきて，軽度の精神症状への対応ができるようになった。しかし，鑑別診断を必要とする場合には，専門の精神科医に相談する。この時，どのようにして精神科医につないだらいいのか，主治医である一般診療科医は苦労する。

　身体の診療科の間で他科受診をする時には，患者は抵抗はあっても納得するが，精神科の受診には強い抵抗を示す。

　患者は，精神科という診療科を頭のおかしい人が診察・治療を受けるところ，精神科医を頭のおかしい人を診察・治療する医師と思っている。一般診療科で治療を受けている患者にとって，精神科の医師は，主治医と同じ医師であっても，自分に全く関係がない「第三者的存在」なのである。

　患者は，病気になったことで不安の虜（とりこ）になっている。この不安定な情動的（emotional）な状態のもとで，患者は依存性が高くなっている。主治医・看護スタッフは患者の依存対象である。医師・看護スタッフは，この依存性を

　＊　向精神薬　　精神疾患の治療に用いられる薬物を向精神薬という。向精神薬は神経遮断剤，感情調整剤，抗不安剤の三つに分類できる。
　　　神経遮断剤は精神分裂病の治療に使うので，抗精神病薬ともいう。感情調整薬は抗うつ剤ともいう。一般に精神安定剤といっているものは抗不安剤である。

逆に利用して「信頼関係」に昇華（sublimation）する。その結果，主治医・看護スタッフ以外の職種は「第三者」になる。身体以外の疾患を扱う医師は，患者にとってはかかわりがない存在なのである。

　一方，患者にとってのソーシャルワーカーは，医師でも看護スタッフでもなく，検査や治療をする医療技術者でもないから，医療関係者としての評価を受けることがない。臨床心理士であれば，人の心のことについての専門家というイメージがあるから多少は違いがあるかもわからないが，ソーシャルワーカーに対してはイメージすら出てこない。うっかりケースワーカーとでもいおうものなら，福祉事務所の職員と勘違いされる。せいぜい，「ふくし」の世話をする人と思われてしまう。

　この場合の「ふくし」というのは，一般的には「施し」を意味している。

　普通一般の人は，「ふくし」の援助を受ける人は特別の人であって，自分とはかかわりがないと思っている。

　患者にとっては，ソーシャルワーカーにしても，ケースワーカーにしても，精神科医と同じように《第三者的存在》としてしか目に映らない職種なのである。

ソーシャルワーカーの評価

　世間一般には，社会福祉は善であるという評価が，何となく定着している。そこで「ソーシャルワーカーは，患者にとって第三者的存在である」と改めて言われると，社会福祉という世のため・人のためになる崇高なことに従事するのだから，「みんなに受け入れられるはずだ」と単純に思い込んでいる人にとっては，心外であるかもわからない。

　しかし，冷静に思い返してみると，社会福祉は単純に善というよりも，本来，必要悪としての一面もあることに気がつく。専門家としてのソーシャルワーカーは，心情的な素人判断に拠るのではないから，社会福祉の考え方に含まれている二律背反的な本質を正しく理解しておく必要がある。

　もともとソーシャルワーカーは「なくてすむものならば，いなくてもいい存在」であるという認識が，専門家としてのソーシャルワーカーには必要

なってくる。これこそが，ソーシャルワーカーという職種が任意的な一般職業ではなく，「倫理性」を求められる専門職業として評価される大きな理由の一つになってくる。もしも善意だけを唯一つの動機にして，自己満足に溺れていては，もはやソーシャルワーカーではなくなってしまう。

　ソーシャルワーカーのこのような冷静な姿勢が，クライエントへの《最も必要かつ適正な援助》の提供という課題につながる。

　それでは，なぜ社会福祉が「善」がすべてではなく，「悪」という一面を持っているのか。

　人は，元来，「自立」して生きることに人間存在の本質がある。自立に対立する概念は「依存」である。

　改めて言うまでもなく，ソーシャルワークはケースワークという技法を中核として成り立っている。ケースワーク援助はリッチモンド以降のさまざまな定義をみてもわかるように，要援助者（client）の自主性を強調し，依存性の排除を主張している。

　キリスト教文化を背景に，慈善（charity）──→慈善組織協会（COS）──→ソーシャルワークへと展開してきた考え方の基礎には，自立（independence）の理念が前提にある。一方，わが国では，土居健郎が指摘した「甘え」の機制[1]が根強く残っていることは無視できない。甘えという機制にもとづく行動は，依存（dependence）という形で現われる。

　ソーシャルワークは，心情のレベルで展開されるものではない。論理によって展開されるものである。

第三者介入

　繰り返して言うが，ソーシャルワーカーは一般の患者にとってはかかわりがない存在である。ソーシャルワーカー側で，ソーシャルワーカーは患者の味方になって協力するものであると考えても全く役には立たない。

　ソーシャルワーカーの側に「人の役に立つ役割があるから，人に受け入れられる」という独善的な発想があるとすれば，これは重要な問題である。

　ここでは「どうすればスムーズに第三者介入ができるか」という重大な課

題が，ソーシャルワーカーに求められることになる。

　患者の周辺に起こった問題をソーシャルワーカーに紹介し，援助を要請してくるのは主治医もしくは看護スタッフである。ソーシャルワーカーという職種の存在は，患者の意識の中にはないのが普通である。

　ソーシャルワーカーが最初にしなければならないことは，問題の発見・紹介者（applicant）から《うまくつないでもらう》という作業である。

〔第三者介入の手順〕
1) アプリカント（applicant）から問題点の要旨をよく聞く。
　　・患者が第三者介入を受け入れできると判断――――→①へ
　　・患者が第三者介入に抵抗があると判断――――――→②へ
　　・問題解決のためには，他の専門家が適当と判断――→③へ
① アプリカントから患者につないでもらう。
　　・患者が悩んでいる受け入れやすい具体的な話題を取り上げて，「問題解決の手助けをする専門家」として，ソーシャルワーカーを紹介してもらう。
　　・紹介の仕方に慣れていない人もいるので，前もって打ち合わせをする。
② ソーシャルワーカーが前面に出ることを避けて，主治医・看護スタッフの背後からコンサルテーションの形でアプローチする。
　　・主治医 ‐ 患者関係，看護スタッフ ‐ 患者関係を上手に利用することによって，患者の気持ちを大事にする。
　　・患者と主治医・看護スタッフとの間に信頼関係がある時には，その信頼関係を利用することで効果があることも多い。
③ 他の専門家にリエゾンする。
　　・他の専門家（精神科医師・臨床心理士など）へリエゾンする際には，前もって，それぞれの専門家と打ち合わせして，患者の心理的な抵抗を少なくする方策を検討する。
　　・病院外の専門家にリエゾンする時も同じである。

ソーシャルワーカーのコ・メディカルズとしての役割

　役割理論によると，役割は期待に対応するといわれる。
　ソーシャルワーカーがコ・メディカルズという役割を取得するには，スタッフから，どのような期待が寄せられているかの検討から始めなければならない。
　繰り返して言うが，政策論的発想は医療機関には初めから不向きな発想である。
　ソーシャルワーカーが人のsocialな側面の専門家であることを自覚し，それ相応な知識と技能をきちんと身につけた後に，ソーシャルワーカーのコ・メディカルズの一員としての期待が生じてくる。
　疾患の治療は，医師の領域である。ソーシャルワーカーの目的は，患者の治療に合わせた間接的援助である。ソーシャルワーカーは医学を基礎にした治療行為には，直接かかわれない。治療の過程で患者の治療を阻害している「社会的要因」があると認められるときに，初めてソーシャルワーカーの出番が出てくる。
　ここで，社会的要因をどのように規定するかが，極めて大きな課題になる。
　患者の最も身近なものから言えば，まず《患者を取り巻く人間関係》の問題である。それは，患者－家族関係，患者－医師関係，患者－看護スタッフ関係といったものから始まる人間関係のトラブルである。
　次は，病気・けがという予期しなかったアクシデントの治療に付随して発生する《日常生活にかかわる現実的トラブル》である。治療費・生活費などの経済的問題，職場などの機能的社会集団適応にかかわる問題が含まれる。
　また，患者・患者家族が抱く《不安》の問題は無視できない。
　不安の問題については，精神病理学的要因・個人的特性にかかわる要因の専門家として，精神科医・臨床心理士がいる。ソーシャルワーカーは，社会的要因が原因となって発現した不安状態に対応するのである。
　ソーシャルワーカーが取扱いの対象とする社会的要因の概要は，次の通りである。

1．疾病治療の阻害要因になっている個人的不安
    ① 家族および家庭に関する不安
    ② 治療費・生活費などの経済的不安
    ③ 職業・学業などにまつわる不安
    ④ 疾病・治療に対する不安
2．人間関係にかかわる問題
    ① 患者‐家族関係
    ② 患者または家族‐医師関係
    ③ 患者または家族‐看護スタッフ関係
    ④ 患者または家族‐その他スタッフ関係
    ⑤ 患者または家族‐他の患者関係
    ⑥ その他の人間関係
3．現実的経済問題
    ① 治療費
    ② 患者または家族の生活費
4．社会的再適応にまつわる問題
    ① 家庭への適応
    ② 社会施設収容
    ③ 職場・学校への適応
    ④ 地域社会への適応
5．その他，病院固有の態勢・機能にかかわる問題

 なお，ここでは個人的不安を最初にあげた。ケースワークの中核になる面接では，ソーシャルワーカーがクライエントの不安をどのように吸収するかというのが，大きな課題となるからである。

15 | 面接 (Interviewing)

面接の基本

　ソーシャルワーカーによる援助アプローチの基礎になる技法はケースワークである。さらに，ケースワークの中心となるのは面接である。
　面接を中核にして援助活動を展開する代表的な職種には，ソーシャルワーカーの他に精神科医，臨床心理士などがいる。それぞれの援助の中核に置く面接技法が《ケースワーク》《サイコセラピイ（精神療法または心理療法）》《カウンセリング》と呼ばれていることは前に述べた。
　図4では，ケースワーク，サイコセラピイ，カウンセリングを，それぞれ，円形で示した。三つの円が完全に重なる部分が中央にある。三つの領域で共通する技法が面接である。
　ローマ数字で示した他の領域から完全に独立した外側の部分は，ソーシャ

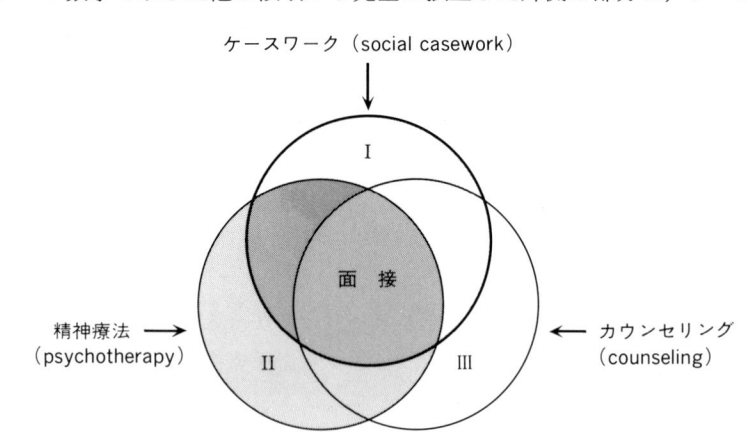

ケースワーク（social casework）
精神療法（psychotherapy）
カウンセリング（counseling）
面　接

Ⅰ：人間関係調整，社会適応訓練，社会資源活用
Ⅱ：向精神薬
Ⅲ：心理検査

図4　面　　接

ルワーク，精神医学，臨床心理学それぞれ特有の技法である。

また，援助の過程ではお互いに重なり合う領域にアプローチする場合がある。したがって，他の領域の技法に対する十分な理解が前提になると同時に，他領域の専門性に土足で踏み込むような不見識があってはならない。

さて，本題の面接に戻ると，バイステックが The Casework Relationship の中で示した "The Principles of the Casework Relationship" の「七つの原則」が役に立つ。

```
Principle 1   Individualization
Principle 2   Purposeful Expression of Feelings
Principle 3   Controlled Emotional Involvement
Principle 4   Acceptance
Principle 5   The Nonjudgmental Attitude
Principle 6   Client Self-Determination
Principle 7   Confidentiality
```

バイステックは上にあげた順序によってケースワーク面接の基本原則を述べているが，以下，この順番にはとらわれず，内容も自由に触れていくことにする。

秘密を絶対に守る

日常の会話場面で出てくる相談も，専門用語の「面接」も，基本姿勢は同じである。特別に変わった原理・原則があるわけではない。

さて，プライバシーとか，人権とかといった言葉はよく耳にする。

素人的であろうと，また，専門的であっても，相手の人が相談する内容は《個人の秘密にかかわること》である。相談に応じてくれる人が「その秘密を守ってくれる」という前提条件が暗黙の間にある。

confidentiality というバイステックの七番目に出てくる原則を，最も重要な基本原則として最初にあげる。

わが国では，西欧諸国にあるような契約の考え方よりも，ある程度まで言えば後のことはわかってもらえるという考え方が一般的に浸透している。プライバシーの問題にしても，なんとなく「守ってくれるだろう」といった独り合点的な了解がある。

　あいまいな了解を基盤にして論理を展開すると，個人的な善意だけが先走りして，誰もが納得する科学的論理が置き去りにされてしまう。ケースワーク関係はソーシャルワーカーとクライエントとの間の契約が中核となるものである。困っている人のために何かを「してあげる」のがソーシャルワークではない。

　ソーシャルワーカーが行うケースワーク援助は，援助関係という契約のもとに成り立っている。

　病院などの医療機関で働くソーシャルワーカーは，他の医療スタッフとチームを組んで業務にあたる。患者の秘密であっても，医療という共通な目的に対応するのであるから，チーム・スタッフの間では秘密を漏らしても差支えないだろうという安易な理屈は，全く通用しない。

　ケースワーク援助過程のなかで，もしも，患者が秘密にしていることが，医療目的に重要なかかわりがあると判断されるときには，患者と十分に話し合って，チーム・スタッフの間で話題にすることについての了解を得なければならない。

　もし，その了解を得ることができなかった時には，絶対にその秘密を話題にしてはならない。その上で，患者の秘密に触れずに問題解決の方法はないかを検討する。さらに，どうしても問題解決のために患者の秘密を話題にしなければならない時には，その理由を十分に話し，説得して了解を求める努力をしなければならない。

　一般的に，誠意を持って説得すればわかってもらえることのほうが多い。しかも，その誠意が患者に伝わることによって，逆に，患者のソーシャルワーカーへの信頼感を増強することにもつながる。

　また，患者を取り巻く人間関係調整の際には，患者以外から情報を集める場合がある。その時に，"これは患者には内緒にしてください"といった条件がつくことがある。患者，患者家族，チーム・スタッフから得られた情報は，

ソーシャルワーカーとその話題を提供した人との間でしか使えない情報なのである。情報提供者が、あからさまに"これは秘密ですが……"と念を押さない時であっても、「このことは他の人には言わないだろう」という思い込みが前提にあることを肝に銘じておかねばならない。

悪意がなくても他の人から得た情報を使って話題を展開すれば、「私が言ったことも、他の人に漏れてしまうのではないか」という疑いを抱かせる結果になる。日常会話の場合であれば「すまなかった」と謝ってすむことも多いが、専門的面接では信頼関係を失ってしまうことになる。

いずれの場合でも、他の人から得た情報は患者に話題としては出さないのが大原則である。

一昔前には、rapport というフランス語がよく使われた。フランス語式にラポールまたはラポーと言ったり、英語式にラポートと言ったりした。しかし、最近では余り耳にしなくなり、その代わりに、専門的治療関係などと言うようになった。ソーシャルワークでは、ケースワーク関係と言う。

いずれにしても、計算され尽くした信頼関係が専門的な援助を支えるのであり、《秘密の保持》は覚めた意識で構築されるものである。

---

1. 面接場面で出てきた情報は、他の場面では、絶対に話題としては使ってはならない。
2. 問題解決のために、その情報が極めて重要であると判断される場合には、その情報提供者の了解を得た後でなければ、絶対に使ってはならない。
3. どうしても了解が得られないといった極端な場合にも、「秘密を守る」という姿勢を堅持して、他の人には話題として漏らしてはならない。
4. 一般的には、情報をどのような目的で、誰に伝えるかを明らかに示して説得すれば了解を得ることは可能である。

特殊な面接法として《誘導尋問》がある。しかし、ソーシャルワーク面接では、誘導面接は絶対に使わない。また、使ってはならない技法である。

問題は一つ一つ違う顔を持っている

　人は，一人一人固有のものを身に着けている。似ているということは，同じということを意味しない。外見から中身に至るまで，それぞれ異なるものを持っている。一人として同じものはない。

　ケースワーク援助の際には，クライエントの個人としての個別性を正しく把握して，その人が抱えて困り，悩んでいる問題を的確に対処しなければならない。

　問題は「結果」という形でわれわれの目の前に出てくる。そこで結果だけをみて，問題を判断してしまうという過ちを犯すことが多い。

　例えば，高齢の患者が訳のわからないような行動をすると，理由も確かめず，その人が老人であるというだけで老人性痴呆（ボケ）と即断してしまうことがある。先入観だけで判断し，何故，そういう行動をしたのかを確かめようとはしない。

　一見して，変な行動に見えたことが，説明を聞くと了解できることであったりする。

　了解が困難な行動であっても，意識障害であるのか，せん妄状態であるのか，ボケ症状なのであるかという専門的な鑑別診断は，原因まで遡って検索しなければ結論は出ない。それを老人が奇異な行動をしたからボケ症状と決め付けるのは，明らかに間違っている。

　適切な援助をするためには，面接に際して固定観念にとらわれず，問題を「正しく診断すること」が，絶対必要になる。

　《問題》は「原因」と「結果」の組み合わせによって構成されている。したがって，一つとして同じものはない。

　治療費の支払いに困っているという相談でも，実際に治療費に当てる財源がない場合，財源を管理している家族との間にトラブルがあって治療費の支払いに支障がある場合など，問題点は一つ一つ異なった背景がある。

　それぞれの問題が持っている個別性を，集めた情報から正確に診断することから援助方針も定まってくる。

この手続きが十分になされないと素人的な援助のレベルにとどまり，専門家としてのケースワーク援助にはならない。

1．人はそれぞれ，個性を持った存在である。
2．問題は原因と結果との組み合わせで構成されている。
3．先入観を避けて，問題の本質をつかむ努力が必要である。
4．問題の結果の部分だけにとらわれると，的確な援助はできない。

感情のカタルシスの場を設定する

人は，言語という表現様式を持っている。コミュニケーションは片かなでそのまま使われる。「ものを言う」という意味で使われるが，この言葉は言語という表現様式を使って意思の疎通をはかることを意味する。一方通行の言語ではなく，言ったことが相手に正しく伝わり，きちんと反応が返ってきた時にコミュニケーションが成立する。

反応が返ってくることをフィードバック（feedback）という。

言語にはさまざまな気持ちが含まれている。気持ちを表現する際には，ポジティブな気持ちだけではなく，ネガティブな感情も含まれる。

さらに，意思の表現は，言語という手段（verbal communication）だけではなく，身体を使って表現すること（non-verbal communication）もある。肯定的（positive）な身体言語（body language）は特に問題にならなくても，否定的（negative）な身体言語を正しく理解するのは，なかなか困難である。いずれにしても，人は何らかの形で自分の意思を表現しようとする。

ソーシャルワーカーは，クライエントの気持ちを十分に吐き出せる機会を作る必要があることを理解しなければならない。

身体を硬くして沈黙を続けるクライエントの場合も，また，泣き出してしまうという場合も，いずれもクライエントの気持ちの表現として受け入れなければならない。

言語を通して表現されたネガティブな感情は，十分に吐き出す機会を与え

る必要がある。途中で妨げるようなことをしてはならない。

　しかし，感情がこもった表現の時には，問題を整理しながら冷静に受け入れなければならない。

　カタルシス (catharsis) という医学用語がある。もともとは膿をだす，排膿を意味する言葉である。この言葉は哲学用語では浄化という意味で使われる。心の中に溜まっているものを吐き出すことによって気分がすっきりするという経験は，誰でも覚えがあるであろう。

　ネガティブな感情を思いっきり吐き出す機会が与えられ，しかも，善悪の価値判断を加えず，今の状態を理解しようという立場で耳を傾ける人がいるというのは，クライエントにとって全く新しい経験である。

　心の中にあるモヤモヤした感情を吐き出した時から，新しい出発が始まるのである。

1．人は，心の中に溜まっているものを吐き出したいという欲求 (needs) を基本的に持っている。
2．その表現の仕方には
　　① 言語を用いた様式 (verbal communication)
　　② 身体言語 (body language) を用いた様式 (non-verbal communication)
　の二つがある。
3．精神的なカタルシス作用が成功すると，新しい問題解決の出発点になる。

クライエントとの間に心理的距離を置く

　的確かつ適正なケースワーク援助を実施するためには，クライエントとの間に，ソーシャルワーカーが一定の心理的な距離を置く必要がある。

　この距離の設定の問題は，ソーシャルワーカーにとっても非常にむずかしい課題の一つである。離れ過ぎると，相手から冷たいと受け取られる。近づ

き過ぎると，問題の本質がぼやけてしまう。

　心理的に近づき過ぎて，相手と完全に重なり合った状態のことを，過剰同一化とか同情という。

　ケースワーク実施の際に必要な心理的距離のことを，共感とか同一化という。クライエントに近づきながら，しかも，一定の距離を置いた状態を示す概念である。

　また，精神分析には転移（transference）という専門用語がある。トランスフェアレンスは，精神分析の中心技法である自由連想法（free association）にとって重要な概念である。

　初期の頃には，トランスフェアレンスという用語をケースワークでも使っていたが，今では，ほとんど使用しない。

　精神分析は意識下という心の深層の世界を取り扱うが，ケースワークは現実問題の解決援助が対象である。ケースワーク援助過程での面接は，直接，心の動きを操作することを目的としないからである。

　ケースワーク面接の目的は，機械的に情報を収集することでも善意の押し売りをすることでもない。面接を通してその人の情報にまつわる心の動きを理解しながら，現実社会への適切な適応を意識的なレベルで援助するのである。

　精神分析の考え方は，ケースワーク面接を効果的に進める上での重要な教訓を含んでいるので，以下，少しばかり踏み込んで触れてみようと思う。

　トランスフェアレンスには「陽性転移」と「陰性転移」がある。精神分析の専門家からの叱責を覚悟のうえで平たい言い方をすると，「好き」という感情をもとにしたトランスフェアレンスと「嫌い」という感情をもとにしたトランスフェアレンスである。

　一般に，トランスフェアレンスは，面接を受ける人（interviewee）が面接者（interviewer）に対して抱く心の動きの一側面をいうが，この際，面接者に向けられるトランスフェアレンスには，陽性なものと，陰性のものとの両方がある。ソーシャルワーカーは，面接によって人のプライバシーの部分に「意識的に」関与する。そこで，面接を受ける側には，自分の秘密を話題にするのであるから，ある種の不安が生じる。その結果，一般的には面接者に気を

許して打ち明けることができたり，逆に気が許せないといった反応が出たりする。

面接者が異性であると，クライエントの陽性転移が恋愛感情に変化して現われることがある。また，極端な陰性転移は，敵意として現われたりする。

このようなクライエントの心の動きを察知し，上手に操作しながら問題に近づき，援助するのが面接である。

さらに，トランスフェアレンスには注意しなければならない側面がある。

面接をする側も人間であるので，面接の過程で，相手の人に特別な感情を向けるというおとし穴に落ち込むことがある。これを「逆転移」という。逆転移 (counter transference) も転移であるから，陽性の逆転移と陰性の逆転移がある。これも，面接者が中立性を失った状態であるので，専門的面接が続けられなくなる。

相手の人との面接が楽しくて，その人との面接を待ちわびるという心境になるとか，仕事を離れてもその人のことを思い出すという状況になった時には，陽性の逆転移のことを思い返してみる必要がある。また，相手の人との面接が苦痛になって面接を避けたくなったりする時には，陰性の逆転移を起こしていると考えたほうがいい。

これらは，面接という「特殊な状況下」で作られる心の動きである。

したがって，面接を確実に進めるために，面接者は中立的 (neutral) な立場を保たなければならないし，中立性を阻害する同情・過剰同一化は，面接では厳しく制限されるのである。

ソーシャルワーカーが，中立の立場を保ちながら，正しい面接を継続していくための手段として，スーパービジョンがある。

ケースワークが，精神分析から学ぶことが大きかったことは前に述べた。

精神分析では，精神分析担当者 (psychoanalyst) は上位の精神分析者から，中立性を保つことを目的として精神分析を受けるシステムがある。これを教育分析という。スーパービジョンは，ソーシャルワーカーが正しくケースワークを運用できるように，上位のソーシャルワーカーからケースワークを受けるシステムのことである。

> 1．面接に当たっては，クライエント（またはアプリカント）との間に，意識的な心理的距離を置く。
> 2．面接に当たっては，同情・過剰同一化は絶対禁物である。
> 3．同情・過剰同一化・逆転移の弊害を超克するためには，
>   ① 精神分析の transference を理解する。
>   ② スーパービジョンを受ける必要がある。

相手の話によく耳を傾け，理解する

「相手の身になって」という言い方をよく耳にする。基本的には，この考え方は正しいが，前項で触れたように，ソーシャルワーカーは覚めた目をもって，クライエントに対応しなければならない。

人それぞれは，固有の価値観を持っている。面接の過程での話題は，ソーシャルワーカーの価値観とは異なったものが出てくることが多い。

例えば，「死にたい」という話題が出たとする。そこで死を考えるのは間違っているとして，死を思いとどまるように説得しても役に立たない。

もし，ソーシャルワーカーが専門的な知識と方法論を持たず，個人的な価値基準だけに頼っていれば，ソーシャルワーカー自身が動転してしまって，適切な援助ができなくなってしまう。

ソーシャルワーカーは素人的ボランティアではない。専門的知識と専門的方法論をマスターした専門家である。

クライエントが死という結論を選ぶまでには，必ず，何かの原因があり，それなりの経過がある。死という行為は，ネガティブな価値体系に含まれていることを，クライエント自身もよくわかっている。

問題は，ある原因のために，短絡的に死というネガティブな結論に飛躍しなければ治まらないような背景があるか，あるいは，クライエントが混乱したままの状態に置かれているかのどちらかである。

死という結論を選ぶまでの間に，きちんとした対応をするような人がいな

かったとか，問題の本質を理解してもらうチャンスもなかったとすれば，短絡・飛躍した結論を選んでも，少しも不思議ではない。

ところで，話をじっくり聞き，理解することは，決して是認するということではなく，また，容認することでもない。

ひと頃，クライエント中心（client centered）という言い方が流行した時期があった。クライエントの立場に立ってという言い方もあった。これは，本質的に極めて大切な考え方であるが，素人的な解釈から，クライエントの「言うがままに」と誤解されたのも事実である。

もし，同じことを，別な言い方ですれば，クライエントの問題に焦点を合わせるという意味から，プロブレム・オリエンテッド（problem oriented）と言い換えるのがいい。

ここで取り上げようとしているテーマを，バイステックはacceptanceという用語を使っている。わが国では，この用語を受容と翻訳して通用している。この用語も，肝心の内容が理解される前に用語だけが普及して，素人的な解釈が罷り通っているという事実も否定できない。

1．受容（acceptance）は，是認でも容認でもない。
2．受容とは，クライエントが置かれている状況下で，クライエントが巻き込まれてしまった経過について，
　① 個人的価値観を排除して話をじっくりと聞く
　② 問題の本質を理解しようと努める
　③ クライエントの表現の仕方を観察する
ことである。

一般的価値基準を押し付けない

バイステックは，非審判的態度（the nonjudgmental attitude）という概念で表現している。要するに正しいとか，正しくないといった価値判断をしないということである。

人にはそれぞれ個性があり，人はそれぞれ固有の生活を営んでいる。

一方，世間には一定のルールがある。常識・法律・慣習もルールを定めたものであるが，そこには基準になる価値観がある。

ところで，問題が起こっているというのは，その人の価値基準が何らかの形で拒否されたということである。そのような状況に置かれている人に，"あなたの考え方・行動の仕方は間違っている"と言うのは，問題解決に役立つどころか，むしろ火に油を注ぐのと同じ結果になる。

クライエントの個体性・個別性の尊重は，クライエントの価値体系の否定からは出発できない。

例えば，精神分裂症の患者には，一般の人にできる清濁併せのむといった器用さの持ち合わせがない。この価値観の違いが対立すると問題になる。症状が落ち着いて寛解状態になっていても，他の人からすると問題にならない程度の価値観の齟齬がきっかけになって，再発する場合がある。

一般論的にいえば，問題が発生して困っている状態というのは，その人の価値基準と，その人を取り巻いている人との価値基準に，何らかの食い違いが生じている場合が多い。

ケースワークの目的は，クライエントを強引に説得して，こちらの価値基準体系に組み込むことではない。クライエントが持っている能力（capacity）をうまく活用して，その人なりの社会適応ができるように援助をはかるのである。

クライエントは，自分の主体性が受け入れられないことにこだわっているのである。他の価値基準を真正面から否定しようとしているのではない。自分の主体性が認めてもらえると，いつまでも抵抗することはない。

もし，ソーシャルワーカーがクライエントの主体性を十分尊重・評価しても変化がなければ，ソーシャルワーカーのアプローチが適正でなかったか，クライエントが性格障害を含む精神障害の状態にあるか，のどちらかである。後者の可能性の疑いが強い場合には，精神科医のコンサルテーションを受ける必要がある。

前項で触れた「話をじっくり聞く」ことや，「価値基準を押し付けない」ということは，クライエントの言うことに，話を合わせるという意味では全く

ない。

　ソーシャルワーカーは，はっきりした価値体系を持っていなければならない。それは常識として，大多数の人が承認することができる範囲である。ソーシャルワーカーの側に，基準となる価値体系がなければ，クライエントの問題が含んでいる本当の姿はとらえられないからである。

　専門的な面接のすべてに共通する面接者の態度に関する原則に，これも精神分析用語であるが，「矯正情動体験*」というのがある。

　矯正情動体験 (corrective emotional experience) は，今までに経験したことがないまったく新しい体験をしたことによって，それまでの考え方が，すっかり，変わってしまうことをいう。

　フランスの小説『レ・ミゼラブル』の主人公ジャン・バルジャンが，それまでの人生観を変えるきっかけになった神父との出会いのエピソードは，一つの例である。

1．ソーシャルワーカーの前に現われてくるクライエントは，それまでに，さまざまな体験をしてきている。

2．しかも，本人の言動は，ある価値体系に合わないものとしての評価を受けている。

3．したがって，たとえ，それが正しいものであっても，クライエントとすれば，似たような対応をされると，それだけで抵抗してしまう。

4．ケースワークは，クライエントが持っている能力を引き出して社会生活への適応を援助するものであるから，相手に「抵抗する姿勢」を作らせてはならない。

5．クライエントが今までに経験したことがない新しい態度で，ソーシャルワーカーは応対しなければならない。

6．ソーシャルワーカーは，適正なケースワークを進めていくためには，常識に支えられた基準を持っていなければならない。

＊　情動　　情動 (emotion) の定義を，とりあえず「突然に引き起こされた一時的・急激的な感情で，怒り・恐怖・喜びなどが含まれる」としておく。

クライエント自身に決めさせる

　人は，他人から指図されることを喜ばない。そのくせ，その一方では，他人に依存しようとする相反する一面もある。
　ケースワークは，矛盾する二つの側面のうち，自立性を援助する。
　善意を主体にした援助の欠点は，援助する側の動機が優先するために，相手側の主体性を無視する結果になる。人は，依存を学習すると，そのほうが楽だから，自立よりも依存を選んでしまうことになる。
　自主独立とか，自立などの抽象語はよく耳にする。しかし，わが国での実態は，何とかしてもらえるだろうといった土居の「甘え」のメカニズムが根強く残っている。甘えを支える社会構造として，中根千枝の「タテ社会」[9]の論理が生き続けている。
　精神分析によると，三歳までの間に人の一生の基礎が作られるという。誕生から三歳までを「口唇期」「肛門期」「エディパル期」に分けて，take の学習，give and take の学習，role taking の学習という生き方の基本を身につける。

〔口唇期（oral phase）〕
1．誕生〜1歳まで
　　この期間は，母親に抱かれてオッパイを飲む赤ん坊にとって，母親がすべての時期である。
　　赤ん坊は，母親に抱かれて心身の安定感を体験する。母親が声を掛けながらやさしく揺すり，さすってくれることが，空腹からの解放，安定感，身体の未発達部分の発達促進という赤ん坊にとって極めて重要な時期になる。
2．「take」の学習
　　すべてのことを「受け入れ」「受け取る」という行為を通して，赤ん坊は，他の人とのかかわりを体験する。
　　この時期に，母親が安定した状態で，母親としての役割を取らない

と，一生，赤ん坊は不満足感を持ち続ける。

〔肛門期（anal phase）〕

 1．1〜2歳まで

　　この時期に入ると，母親以外の父親，兄弟姉妹といった家族の存在がわかってくる。

　　さらに，両親が赤ん坊に期待していることが，だんだんとわかってくる。

 2．「give and take」の学習

　　この時期に入ると離乳が始まり，家族の人と同じ食事を取ることになる。

　　家族の皆から，赤ん坊は愛情を受け取ると同時に，両親の期待に対して，何かをすることを身につけていく時期である。

　　両親が赤ん坊に期待していることで，赤ん坊が自分でコントロールできるのは，それまで，時・所をかまわなかったウンコ・オシッコをきまった時間，場所に排出することである。

　　こうして，赤ん坊は give and take という基本ルールを身に着ける。

〔エディパル期（oedipal phase）〕

 1．3歳

　　この時期に入ると，赤ん坊も乳児期から幼児期になる。行動範囲も広がってくる。

 2．社会的役割の学習

　　家庭の中では，両親を通して，男性・女性の役割の違い，兄弟姉妹の役割関係を学習する。

　　さらに，近所のおじさん，おばさん，遊び友達などを通して，家族以外の人達とのかかわり方，役割について学んでいく。

　四面を海に囲まれたわが国では，他国からの侵略にあう機会が少ないという事情もあって，知らぬ人とも手をつないで物事に対処していくという「ヨコ社会」的な発想は，それほど切実ではなかった。むしろ，家族的な「タテ社会」にもとづく行動様式が基本になっていた。自立よりも依存を選ぶのは，

もしかすると，精神分析の role taking の時期にも，家族的なタテ社会の論理が尾を引いていることと関係があるかもわからない。

自立よりも依存のほうが楽である。依存関係を永久に続ける状況があれば話は別だが，現実はそうもいかない。

自立と依存の二者選択をする際の結論は一つである。ケースワーク援助では，クライエントを一歳の赤ん坊と同じ扱いにはできない。

したがって，これから，どうするかという選択に際して，クライエント自身で決めさせる手続きがケースワークの課題になってくる。

極端な例として，クライエントが「死」を選んだときに，ソーシャルワーカーはどうしたらいいだろうか。

死の選択は，いくらクライエントの結論であっても社会常識として容認されることではない。言うまでもなく，ソーシャルワーカーは社会常識に沿ってケースワークを進めていく。

これまでに触れてきたケースワークの原則に従えば「死ぬことは悪いこと」であるという説得はしない。これはバイステックの the nonjudgemental attitude の原則に反する。

クライエントが死を選択するまでの過程には，必ず原因になるエピソードがある。原因もなく，いきなり結論だけが出てくることはない。

そこで，ソーシャルワーカーは，個人の秘密は絶対に守る(confidentiality)ことを納得させた後に，クライエントとの間に一定の心理的距離をおいて(controlled emotional involvement)，クライエントの気持ちの中に溜まっている感情を吐き出す(purposeful expression of feeling)ように援助する。ソーシャルワーカーは，クライエントの問題の固有な面を的確に把握(individualization)しながら，十分，話に耳を傾けて(acceptance)，問題の実相に迫る努力をする。

精神病理的疾患によるものでなければ，面接の過程で，クライエントは自分で気持ちの整理ができる。うつ病などの精神病理的疾患の疑いが強い時は，精神科医と相談する必要がある。

なお，精神病理的疾患の判断は，かなりむずかしい。

ソーシャルワーカーは，精神医学については全くの素人であることを，忘

れてはならない。面接の際に出てくる精神病理的疾患に素人感覚で対応して，病状を悪化させる例が，精神科医の間で問題になることがよくある。

次の課題は，問題解決援助の際のソーシャルワーカーによる「提案」についての問題である。クライエントに対して，一つの提案だけをするというのは最悪の方法である。

そのような場合，クライエントの選択には提案を受け入れるか，拒否するかの，どちらしかない。もし，クライエントがソーシャルワーカーの提案を拒否すればそれがクライエントの自己決定 (self determination) になり，提案を拒否されたソーシャルワーカーはケースワークが続けられなくなってしまう。

面接のむずかしさは，すべてのプロセスの至る所に出て来る。

一つだけの提案が適当でないことがはっきりすれば，当然，複数の提案をすることになる。いくら複数の提案をするといっても，無責任な提案はできない。役に立つ可能性があるいくつかの候補を考えなければならない。

提案の案件が一つだけしか考えつかないような硬い姿勢では，ケースワークはできない。複数の提案ができる柔軟さが，ソーシャルワーカーには要求される。

クライエントはそれらの提案の中から自分なりに考えて，自分に合うものを選択する。選択したものを実行してみて満足できなかったにしても，クライエントは納得する。ソーシャルワーカーは，もう一度，残っている方法をクライエントと相談できる。

ケースワークはクライエントの自主性を尊重しながら，クライエントが自分の力で問題を解決していくプロセスを援助する技法なのである。

1．人は，本質的に，自分にかかわりがあることについては，自分で決めたいという欲求（needs）を持っている。
2．社会的常識からはずれた自己決定をしている場合には，ケースワークの原則に則り，時間をかけて，じっくりと話し合う必要がある。
3．精神病理的疾患の可能性があるときは，すぐに，精神科医のコンサルテーションを受ける。

4．ソーシャルワーカーは，精神病理学について全くの素人であることを自覚しておく。
 5．ケースワーク援助の際に，ソーシャルワーカーが問題解決のために提案をする時は，一つだけではなく，必ず，複数の提案をする。

16　外来段階でのソーシャルワーク

外来治療

　病気になり，けがをして病院にかかる最初の段階が外来である。医師の診察，コ・メディカル・テクニシャンズによる検査の後に，診断──→治療方針という具合に作業が進められる。
　診察の結果，症状が軽い時には外来で治療が始まる。症状が重篤で特殊な検査・手術などの特別な処置・安静など，外来でのフォローが困難な時に入院になる。
　ソーシャルワーカーへの援助の依頼は，外来段階では比較的少ない。
　ただ，精神病院・心身症クリニックによっては，初診患者の予診の段階で，患者の日常生活を中心とする社会的側面についての情報収集がソーシャルワーカーに求められることがある。

経済的問題

　病状が軽い時には治療期間が短く治療費も少額で済むので，経済的な問題が出てくることはあまりない。また，外来で治療を受けている時には，医療事務の担当者との接触の機会が多いので，医療事務窓口で治療費を中心にしたインフォーメーションをうけるチャンスがある。
　外来治療段階で，わざわざソーシャルワーカーを訪ねてくる時は，経済的理由を表面に出しているが，本当の問題は別にある場合もあるので，慎重に

対応しなければならない。

〔経済的問題とケースワーク援助〕
1．主治医との協議
　　①病状，②予後，③治療見込み期間などについて，主治医のコメントを求める。
2．経済的問題の内容
　1) 患者の治療費
　2) 患者・家族の生活費
3．法的社会資源の利用
　　①社会保障関係法，②社会福祉関係法，③公衆衛生関係法などを利用する。

家族的問題

外来治療段階で家族問題が絡んでくるのは，主として入院を必要とする状態の場合が多い。その理由は大きく二つをあげることができる。
　一つは，面倒を見てくれる家族がいない単身者の場合である。もう一つは，家族はいるが家庭内にトラブルがあり，入院という次のステップへの踏み込みに障害が生じている場合である。
　これらの問題は，入院後にも引き継ぐ問題でもある。

〔単身者にまつわる問題とケースワーク援助〕
1．問題点
　1) 生命に危険の可能性がある特殊検査または入院に対する同意書[*]の取扱い
　2) 下着などの洗濯など，日用品の管理

---

[*] 同意書　生命に危険の可能性をともなう特殊な検査を実施する時や，入院の際には，患者本人の他に，保護者・親権者などから同意書をとることが多い。

2．対応
1) 主治医と協議して，患者の病状，予後，入院見込み期間についての情報を得る。
2) 医療事務担当者と同意書の取扱いについて協議する。
3) 患者と相談して，問題解決に貢献できるキィ・パーソン（key person）になる人物を選定する。
4) 生活保護受給者の場合には，福祉事務所の担当主事と協議する。

〔家族間のトラブルおよびケースワーク援助〕
1．問題点
1) 欠損家族
父子家族，母子家族など
2) 崩壊家族
保護者・親権者の蒸発など
3) 非協力家族
家族内人間関係の疎遠など
2．対応
1) 主治医と協議して，患者の病状，予後，入院見込み期間についての情報を得る。
2) 家族の中に，キィ・パーソンを設定する。
3) 家族の中に適当な人物がいないときは，家族以外の親族もしくは最も適当な人物の中からキィ・パーソンを選出・設定する。
4) 家族内の人間関係調整（environmental manipulation）を行う。
5) 必要に応じて，社会施設を利用して患者の治療継続ができるように調整する。
例えば，
① 父子家族・母子家族などで乳児がいて入院ができない場合
　　　　　　　　　　　　　　　　→乳児院の利用

②　介護が必要な老人がいて，入院ができない場合──┐
　　　　　　　　　　　　　　　└→老人ホームの短期入所
　　　　　　　　　　　　　　　　　の利用……など

個人的な特性にかかわる問題

　外来で治療を受けている段階で，さまざまな問題を起こす患者がいる。
　病院の設備・仕組みなど，病院側に責任がある場合と，患者自身に問題があってトラブルになる場合がある。
　明らかに病院側に問題があるときも，ソーシャルワーカーのところに問題の提起がなされることがある。ただし，この問題はソーシャルワーカーのレベルで処理できる問題ではない。
　もし，そのような問題がソーシャルワーカーのところに持ち込まれたときには，話の趣旨を十分に聞いた後に最も適正な部署にリエゾン（橋渡し）しなければならない。話の趣旨を中途半端に聞いて，適正でない部署につないだりすることは，結果的には，たらい回しをすることになる。
　患者の大多数は特に問題を起こすような人ではないが，中にはよく問題を引き起こす人もいる。
　これらの人は三つに大別できる。一つは，知的水準が低いために判断力に食い違いが生じてしまう場合である。もう一つは，パーソナリティ上の特異性がかかわる場合である。最後は，精神障害がかかわるタイプである。
　最初の「知的水準」に問題の原因が求められる人を見分けるのは，かなりむずかしい。
　心理学には知能検査という方法があって，数値で知能の程度を表わすことができる。しかし，知能検査は，誰に対しても簡単に実施できるといった検査ではない。一般的に，自分の知能の程度を数値で示すテストを受けることは，あまりいい気持ちのものではない。また，ソーシャルワーカーは心理学を専門に学んでいないから，専門外の検査をして正当な判定ができるものでもない。

ソーシャルワーカーにできることは，クライエントとの面接を通じて，常識的な事柄についてどの程度理解する力があるか，を判断する力量を身につけなければならない。そのためには，個人の特性にかかわる学問である心理学・精神医学についての知識を，教養として学ぶ必要がある。次に，数多くの面接を経験することによって，ある程度の識別ができるトレーニングが必要である。

　特に，面接に際しては，見かけ・外見によって，結論的判断をしてはならない。面接一般に共通することであるが，先入観にとらわれることは絶対に避けなければならない。

　知的水準が高くない人は社会性がよく発達するといわれる。反発的な態度を取ってトラブルを起こすよりも，相手に合わせておくほうが無難であることを，生活の知恵として体得しているのかもしれない。きちんとした挨拶ができて，相手が言うことにも「はい」と素直に答える。

【事例１】

　　主治医の紹介で，ソーシャルワーカーが「心臓神経症」と診断された循環器科の患者をケースワークでフォローすることになった。

　　器質的には心臓に病変は全く認められないが，患者は心臓の症状をしきりに訴えていた。この症状は，心臓という身体の臓器に執着する不安神経症の一つのタイプである。

　　主治医は，患者の身体症状の管理をするが，患者の不安を吸収する時間的余裕がとれないためにソーシャルワーカーに面接による不安の吸収を依頼したのであった。当時は，まだ抗不安剤が普及する前だった。

　　患者は中年の農家の主婦で，受診する時にはさっぱりした服装でやってきた。部屋に入ると，まず丁寧に挨拶をした。応対もきちんとしていた。ケースワーク面接は主治医の診察が週に一回であったので，主治医の診察後に実施した。

　　約２か月程経過したが，訴えの内容に改善の跡が認められなかった。そこで，精神科医に経過を話して，コンサルテーションを求めた。精神科医は，一度，患者の了解を得たうえで知能検査を受けさせてみたらどうか，と助言し

てくれた。

　主治医の同意を得て，知能検査を実施した。

　検査の結果は IQ 52 であった。これは，知的障害の範囲内を示す数値である。

　以後，ケースワーク面接は中止して，患者の訴えを中心に主治医が対症療法でフォローすることになった。

　また，知能の程度があまり高くない人の中には，わざわざ，むずかしい用語を使うことで自分をよく見せようとする人もいる。むずかしい言葉を使うから知能の程度が高いと考えると，そうではないこともある。

　知的水準がそれほど高くない人に会って話をする時には，小学低学年の児童に話すように，わかりやすい言葉を使って応対するのが適当である。

―――

〔知的水準の問題とケースワーク援助〕
1．知的水準の程度は見かけ・外見だけでは，判断できない。
　1）　知的水準が高くないと，社会性が高くなる傾向がある。
　2）　むずかしい用語などを使っていることは，必ずしも知的水準が高いことを意味しない。
2．知的水準についての評価をする際に，素人判断は禁物である。
　1）　心理学・精神医学を学習する必要がある。
　2）　面接を数多く経験して，知識と技能のレベルを上げる必要がある。
　3）　知的水準が高くないと判断される人には，小学低学年の児童に接するのと同じようにする必要がある。
　4）　ケースワーク・アプローチの段階で，精神科医によるコンサルテーションが必要である。

―――

　次に，性格に偏りがあって，トラブルを起こす患者の取扱いも，非常にむずかしい。その程度はさまざまで，一つ一つすぐに気にしてしまう心配性の人から，異常性格と診断される人まで，まちまちである。

　不安のレベルが高くなって，心配性の言動を示す患者の中にはケースワー

ク援助ができる症例があるが，精神科医・サイコロジストのコンサルテーションは，欠かすことはできない。

〔性格上に偏りが認められる場合の問題とケースワーク援助〕
1．不安のレベルが高い場合
　1）　病気の予後に対する不安
　2）　精密検査の実施にまつわる不安
　3）　薬物の副作用などについての不安
　4）　癌ではないかという不安
　5）　その他，不安が高じての精神症状の発現……など
2．現実的なものに対する反応性の不安に，治療的ケースワークを行う場合
　1）　不安神経症を含む神経症について，専門的な知識を持たなければならない。
　2）　面接を数多く経験して，知識と技能のレベルを上げる必要がある。
　3）　絶えず精神科医と接触して，コンサルテーションを受ける必要がある。
3．病的性格異常の場合
　1）　ソーシャルワーカーの取扱い範囲ではない。
　2）　精神科医にリエゾンする。
　3）　精神科医が前面に出ることが患者を刺激して，状況を悪化させるような場合には，精神科医のコンサルテーションの下でアプローチする。

精神障害の患者は，症状が軽くても，すべて精神科医のコンサルテーションの下でアプローチしなければならない。

苦情の申出

外来治療の段階では，医療紛争というレベルではないが，苦情の申出とい

うケースが比較的多い。

　苦情の申出の場合は，患者の言い分に理がある場合も少なくない。

　ただ，一般的な苦情の内容は，患者に応対したスタッフのちょっとした言動が相手を必要以上に刺激してしまう傾向があるのも事実である。

　ことに，医学的専門用語は，素人にはわかりにくいものが少なくない。むずかしい漢語の言い回しから，英語・ラテン語・ギリシャ語・ドイツ語・フランス語などが，略語を含めて使われている。患者という立場に置かれている人は，不安な状況に立たされている。そのために神経質（nervous）になっているから，スタッフの言動に敏感に反応してしまうことがある。

〔苦情の申出とケースワーク援助〕
1．苦情の申出人の心理状態
　1）腹を立てているので，こちらを刺激するような言い方をする。
　2）他の部署にすでに苦情を申し出て，納得できていない場合には，怒りの程度がエスカレートしていることがある。
2．ソーシャルワーカーの対応
　1）病院スタッフに対する不満・苦情の時には，絶対に，弁護したり，弁解してはならない。
　2）「面接」の箇所で触れた基本原則を思い返して面接の専門家として応対する。
　3）苦情の大多数は，申出人の不安解消とともに，自然に消滅するものであることを理解し，いたずらに，申出人を刺激するような言動をしてはならない。
　4）病院側に過失があると判断されるものがある時には，たらい回しにならないように，最も適切な部署にリエゾンする。

患者に関する情報提供のための面接

　ケースワーク面接は，①インテーク面接（intake interview）──②社会診

断（social diagnosis）──→③社会的処遇（social treatment）という具合に展開する。

医学の分野では，ケースワークのインテーク面接に相当する段階を，「予診または病歴聴取」（anamnesis）という。ドイツ語のアナムネーゼ（Anamnese）という言い方をすることもある。近年になって，ドイツ語的言い回しよりも英語での表現が一般化されるようになって，病歴（history, clinical history）が多く使われる。

病院のソーシャルワーカーは医療に協力する職種であるから，医師・看護師などの医療スタッフが，いわゆるアナムネーゼでどのような内容を聴取するかについての知識を持つ必要がある。

参考までに主要記載項目をあげておく。また，医師の診療録の記載は，しばしば頭文字の略語を使うので一部併記する。

〔主要病歴記載項目〕
　主訴（chief complaint, CC）
　現病歴（present illness, PI）
　既往歴（past history, PH）
　個人歴（personal history）
　家族歴（family history, FH）

精神病院，一般病院の精神科・心療内科などの外来を受診した初診患者の病歴聴取の一環として，ソーシャルワーカーに依頼がある場合もある。また外来で患者をフォロー・アップ中に，日常生活状況の把握が必要になって依頼されることもある。

医師は，診療に役立つ的確な資料を期待して依頼するので，ソーシャルワーカーが評価されるまでには経験と実績を積むのに時間を必要とする。治療目的に役に立たない資料であったら，医師が，直接，自分で情報を集めたほうが早道だからである。医師は面接の仕方を経験的に身に着けている。口での療法を意味するドイツ語のムントテラピイ（Mundtherapie）を略してムンテラという。

医師がソーシャルワーカーに患者に関する情報の収集を期待するのは，ソーシャルワーカーが社会学の知識があり，しかも，面接の専門家であるからにほかならない。患者の個人的（personal）な特性についての情報であれば，サイコロジストに期待する。

　一般に，面接の中で，最も技術を要するのがインテーク面接である。自発的（voluntary）に相談にきたクライエントであっても，不安にもとづく防衛機制（defensive mechanism）を使うことは前に述べた。自分の意志にもとづいて自発的に相談に来たのではなく，例えば医師の指示によってしぶしぶやってきた(non-voluntary)人から情報を収集する時に，熟練した技能が要求されるのは当然である。

　病院のシステムとして，初診患者のインテーク面接をソーシャルワーカーが担当することになっていない病院では，患者は医師から口頭もしくは依頼書を持たされてソーシャルワーカーのところへやってくる。

　面接のテキスト，大学の教師によって，クライエントと最初に会った時には自己紹介をするようにと教えられる。"わたしはケースワーカーです"と自己紹介すると"福祉（事務所）の人ですか？"と怪訝な顔をする。"ソーシャルワーカーです"といおうものなら，"……はァ？"とさらに怪訝な顔をする。挙げ句の果てには「なんだか，変なところに回された」という具合になって，怒りだす患者もある。

　ノン・ボランタリーの患者の場合には，「第三者介入」をどのようにして実現したらいいかを十分に吟味しなければならない。専門ソーシャルワークとしての医療ソーシャルワークにとっては，政策論理論は全く役に立たない厳しい状況に置かれているのである。

　患者にとって第三者の存在であるソーシャルワーカーが，医療スタッフの一員としての地位を確保する第一歩は，どうしたら患者が抵抗なくソーシャルワーカーを受け入れることができるかにかかわってくる。

　一番いい方法は，紹介依頼者である医師が"これまで，治療を続けてきたが，私の判断だけでは，どうも納得できない要因がありそうに思う。視点を変えて別の専門家の意見を聞いてみたい。引き続いて，後のことも私が責任をもって面倒を見るから，その専門家を紹介してみたいが，どうですか？"

という形でソーシャルワーカーを紹介してつないでくれることである。前もって，こういう患者を，こういう目的のためにソーシャルワーカーのところに送りたいからという連絡があれば，その患者が，どのようなパーソナリティ傾向の人かを尋ねて，患者が不必要な抵抗感を抱かずに，つなぐことができるかの打ち合わせができる。

　ただ，現実的には理想通りには進まない。そこで，次善の策を取ることになる。

　患者が浮かぬ顔をしてソーシャルワーカーのところに現われた時は，納得・了解してやってきたのではない，と考えて差支えない。

　患者との最初の接触の時には，基本の通りに自己紹介から始める。患者も中途半端に知っているケースワーカーという名称よりも，ソーシャルワーカーの方がいいかもわからない。

　場合によっては，職名を省略して名前だけを告げることもある。この辺りの判断は患者の第一印象を的確につかんで行い，柔軟な対応ができなければならない。

　最初の挨拶は，人間関係としてのエチケットであるが，面接という特殊な人間関係状況を構築していく時にも重要な要素になる。初対面の挨拶の段階から面接が始まっている。意識的かつ計算しながらの接触を基本とするケースワークでは，単なる型通り，紋切り型では済まないことを忘れてはならない。

　もし，変なところに回されたと考えて，患者が不機嫌になっていたり，怒っていても，ソーシャルワーカーが驚く必要は全くない。納得・了解していなければ当然の反応だからである。きちんとしたトレーニングを受けたソーシャルワーカーであれば，患者の気持ちがわかるはずである。

　そこで"先生からここへ行くように言われた時に，先生はどのように説明されましたか？"と尋ねる。変なところに回されたと考えている人は，怒りの感情を込めて，時には，激しい言葉づかいをしながら気持ちを吐き出す。

　言いたいだけのことを言ってしまうと，患者は少し落ち着いてくる。この間に，ソーシャルワーカーは話の交通整理をしながら，主治医の意図を患者自身が受け入れることができるように，患者にフィードバックしていく。

この段階を通り抜けてから、いよいよ、患者から情報提供をしてもらう作業にはいる。

ここで考えなければならないことは、どうしたら患者が抵抗なく情報を提供してくれる状況を作るかという課題である。

患者にとって、所詮、ソーシャルワーカーは第三者的存在であるという意識は残ったままである。患者は病気の治療のために病院を訪ねているのである。そこで、話題を患者の病状に沿って主訴・現病歴を中心に展開するのが、患者の抵抗を少なくすることになる。一般に、患者は自分の病状を聞いてもらいたいという気持ちを持っているものである。

こちらが知りたいことだけを尋ねると、患者は、取締り尋問されたと思ってしまう。話題展開の過程の自然な流れの中で、必要な情報を集めていく。主治医が知りたい情報は、病気の治療と関係するものであることを忘れてはならない。

もし、"そのことは、もう、先生にも看護スタッフにも話している。今更、話す必要はない"という反応があった時には、この抵抗には意味がある。

ソーシャルワーカーの対応がまずかったために出てきた反応もある。もし、最初の接触段階に問題があったと気がついたら、すぐに、修正の作業手続きをするが、修正作業はなかなかむずかしい。修正には時間がかかるだけではなく、こじれて修正がきかない場合もある。

もう一つの原因は、主治医に対する敵意が、形を変えて現われている場合である。こちらは原因が他にあるので、対応はそれほど困難ではない。

いずれにしても、ノン・ボランタリーな患者と面接し、情報を収集するには面接に熟練する以外には方法がない。ケースワークは、面接が中軸になる技法であることを改めて強調しておく。

〔ノン・ボランタリー患者からの情報収集〕
1. 依頼者（主治医など）との打ち合わせ
   1）直接、依頼者と面談し、患者のパーソナリティ傾向を確かめたうえで、患者の心理的抵抗を刺激せずにソーシャルワーカーにつなぐ方法を協議する。

2) この方法は効果的であるが，現実は，理想どおりには運ばないことも，理解しておく必要がある。
2．患者が，直接，ソーシャルワーカーのもとにやってきた場合
 1) 患者の様子を観察しながら自己紹介をする。
 2) 患者にどのような言い方で，依頼者がソーシャルワーカーを紹介したかを確かめてみる。
 3) 患者が不審感を抱いたままの時には，患者の気持ちを，十分にアクセプトする。
 4) 情報の収集は，医師または看護スタッフの病歴聴取に準じて，患者の病状を中心に進めると，抵抗感が少ない。

17　入院段階でのソーシャルワーク

入院治療

入院を必要とする段階には，いくつかの目的がある。一般的に外来でのフォローがむずかしい状態の患者が入院する。

〔入院治療の目的〕
 1．診断確立のための精密検査
 2．手術などの特殊な処置
 3．安静管理のための処置
 4．伝染性疾患の隔離
 5．その他

医師にとっての最初の難関は，診断の確定である。診断が確定しないと，治療方針が立たない。医師は，医師自身による問診，聴診，触診，視診，さらに臨床諸検査の成績を総合して病名をしぼっていく。

病気のメカニズムは単純ではない。症状が似ていても同じ病気とは限らない。病気が異なれば治療の仕方も変わってくる。医師にとって診断の鑑別は大事な作業である。
　そこで鑑別診断のための入院という事態が出て来る。病院という一定の枠の中での観察・管理，特種精密検査の実施などによって，診断を確定する。
　手術などの特別な処置を目的とした入院，病状が安静を必要とするための入院，隔離を目的とした入院などは理解しやすい。このような目的によって入院する時の病状は一般的に重篤である。
　この他に，病状の改善の可能性は期待できないが，高齢患者のケアを目的とした入院によって家族の生活面の保証・家族の精神衛生上などを確保しようとする老人病院，患者の治療と患者およびその家族の保護を目的とする精神病院などへの入院もある。

経済的問題

　経済的問題がソーシャルワーカーのところに問題としてあがってくるのは，入院後，しばらくしてからのことが多い。
　人の一般的な心理として，金銭的な問題については，直接，触れにくい話題でもある。身なりなどの外見では判断がつきにくい。生活保護を受けている患者で，衣服・着衣・アクセサリー類がきちんとしている例もある。
　生活保護の受給者だからみすぼらしい格好をしているはずだとか，貧しい格好をしているから貧乏だろうと考えるのは偏見である。

【事例2】
　　　病棟のチーフナースから相談があった。
　　　「56歳の女性が入院してきた。患者は胃潰瘍があり，明日，胃透視検査を予定している。病状が進んでいて安静の必要があるために，大部屋が空いていなかったので，とりあえず二人部屋に収容した。患者は独り者で身内の人もいない。近所の人が付いてきていて，手術後の身の回りの世話はするといっているのでその点の心配はないが，衣服もみすぼらしいし，近所の人もあまりいい暮

らしぶりの人とは思えない。入院治療費は手術をするとかさむので，心配になったので相談にきた。医療保険は，国民保険である」

　ナースによると，胃透視の結果，患者は来週のうちに手術になり，術後 3 〜 4 週間の入院が必要になる，二人部屋料金は緊急入院の措置なので本人負担にならないように手配ができるということであった。

　ソーシャルワーカーは医療事務担当者に連絡を取り，胃潰瘍で手術を受け 4 週間の入院をした場合の見込金額を確認した後，患者へのつないでもらい方についてナースと打ち合わせた。

　① 患者に，国民保険での治療費の概算額を説明する。
　② 二人部屋料金は，緊急入院という事情を考慮して患者に負担がかからないように手続きをするが，大部屋が空けば転室してもらうことを説明する。
　③ 以上のことを説明した後に，何か困るような時に相談にのってくれる専門の担当者としてシャルワーカーを紹介する。

　ソーシャルワーカーは，隣の患者が検査のためにいない時間にナースと一緒に訪室した。

　ナースの説明を聞いていた患者は，枕の下から汚い風呂敷包みを引っぱり出した。

　「入院することになったので現金をこれだけ持ってきた。せっかく二人部屋に入院したのだから，もし，この部屋においてもらえるならば部屋代は別に払うからこのままのほうがいい。金をもっていても使うこともないから……」

　患者は古物回収業をしていて身なりその他は悪かったが，別段，金銭的に困っている人ではなかった。

【事例 3】

　お産で入院していた患者が，退院日になって入院費の支払いができないと言っていると病棟から連絡があった。

　ナースの話によると，患者の夫は年齢は若いが面会には外車に乗ってやってくる，患者の身なりもきちんとしている，建築業の下請けをしている夫は仕事の都合があって今日は迎えに来れない，と言っているということであった。

患者に会って話を聞くと，明日は夫が出張先から帰ってくるから明日になったら支払いができると言った。
　会計課長と相談して，明日清算してもらうことにして退院してもらうことにした。
　翌日，約束の時間になっても，清算に来なかった。
　会計課から電話を掛けると，患者が出てきて，夫の出張が長くなって今日は清算に行けなかった，もう2〜3日待ってほしい，と言った。
　一週間後，会計課の係員が家を訪ねてみると，2日前に荷物をまとめて転居していた。近所の人も転居先は知らないということであった。さらに近所の人の話では，患者の夫は外車の他に大型車を乗り回していたが，定職はなかったようだったということであった。

　以上の二つは極端な例である。ただ，ソーシャルワーカーも先入観で人を見るという弱点を持っていることを知っておくほうがよい。
　ところで，素人的判断では，経済的な問題の解決のための手段としてすぐに生活保護法の利用を思い浮かべる。しかし，専門に勉強したソーシャルワーカーであれば，生活保護法の「他法優先」の原則を知っている。
　現在，公的な制度の他にも，私保険の中でさまざまな制度が整備されてきている。例えば，郵便局の簡易保険・保険会社の生命保険の医療給付などがある。これらも生活保護法の他法優先の原則に抵触する。
　ソーシャルワーカーが経済的問題の解決援助の際に，最初に思い浮かべなければならないのは健康保険・国民健康保険の高額療養費制度の利用である。また地方自治体によって異なるが，高額療養費の貸付制度もある。
　専門のソーシャルワーカーであれば，生活保護法の利用は，いろいろの社会資源を運用した後に初めて思い浮かべる種類の一つである。

【事例4】
　患者は18歳の女性で，半月前から咳，胸痛，軽度の呼吸困難の症状があった。風邪だろうと思って放置していたが，呼吸困難，胸痛が激しくなったために救急車で受診した。

患者は救急外来で心停止，呼吸停止の状態に陥った。喀痰検査でガフキー5号が検出された。救急処置によって，一時，症状の改善が見られたが，入院2日後に死亡した。

患者の家族は，64歳の父親を筆頭に，母親，本人，妹，2人の弟の6人で，生活保護法の受給世帯であった。患者だけは，18歳になった時から生活保護法の適用が除外されて，一人だけ国民健康保険の被保険者になっていた。

救急救命治療による医療費が患者・家族にとって負担がかかり過ぎると判断したソーシャルワーカーは，患者を元の世帯に編入し，生活保護法を再適用するようにと福祉事務所に交渉を始めた。

福祉事務所の担当主事はソーシャルワーカーの申出に対して合意しなかった。ソーシャルワーカーは福祉事務所の対応を行政の画一的な姿勢と考えて，再考するようにと働きかけた。その間に患者は死亡してしまった。

この事例でのソーシャルワーカーの問題点は，二つある。

① ソーシャルワーカーが患者の境遇に過剰同一化したこと。
② ソーシャルワーカーが結核予防法についての知識がなかったこと。

ソーシャルワーカーは，患者が18歳になったのを機会に生活保護法の適用を廃止したことが，患者の病気と関係があると考えた。このような評価が，患者の現況を説明できる論拠になるかどうかの検討に欠けていた。患者がかわいそうだ，気の毒だというエモーショナルな反応が優先していた。

ソーシャルワーカーが生活保護法の他法優先の原則に思いが至る余裕があれば，今，必要なのは患者の医療費の解決が当面の課題であるという原点にたどり着いたはずである。

喀痰検査によってガフキー5号が検出されていることは，他の人に結核を感染させる活性菌が証明されという意味である。したがって，検査の結果，結核予防法の都道府県知事による命令入所が適用される条件が出てきたのであった。

結核予防法の窓口は保健所である。ソーシャルワーカーは福祉事務所の前に保健所と連絡をとるべきであった。福祉事務所との交渉はその後の課題であった。論理的に問題を整理した後の交渉であれば，福祉事務所の担当主事のソーシャルワーカーへの応対も，もっと違っていた思われる。

病院で働くソーシャルワーカーは，常に利用できる社会資源についての知識を研究しておかねばならない。

経済的問題の援助については，外来治療であろうと入院治療であろうと同じである。ただ，入院治療の場合には，病気の種類が増えることと病状が重いなどといった状況が異なる。したがって，入院の場合には，外来治療の場合よりも法的社会資源の種類と内容の範囲が増えてくる。

ソーシャルワーカーは，所属する病院の規模・特徴に合わせて，問題援助を有効に運用するために研究の枠を広げる努力が必要である。

〔入院段階の経済的問題とケースワーク援助〕
1．主治医との協議
　　① 病状
　　② 予後
　　③ 治療見込み期間
　などについての主治医のコメントを求め，協議する。
2．経済的問題の内容
　1） 患者の治療費
　2） 患者・家族の生活費
3．法的社会資源の利用
　　① 社会保障・社会福祉・公衆衛生関係法など
　　② 私保険の医療給付など

緊急疾患による入院

緊急疾患での入院は，キュア＞ケアの時期である。

緊急に入院が必要になった患者への医学的処置は，入院期間が短くても濃厚治療になることが多い。患者が入院すると，まず診断を確定するために検査が実施される。診断が確定すると，外科系の処置として手術，内科的処置として注射・投薬治療などがなされる。

緊急時の段階では，実際問題として治療費が最も必要になるわけだが，命を助けるという目的が前面に出てくるために，意外にも医療費の問題としてソーシャルワーカーの所にあがってくることは少ない。

　ただ，住所不定の行路病者で濃厚診療が必要な場合には，問題が起きやすい。このような人は社会保険の医療保険に加入していないことが多い。

【事例5】
　58歳の男性が，JRの駅のベンチで高熱・意識不明になっていて，救急車で入院した。敗血症の症状が高度であったため，医師・ナースは処置に追われた。

　入院して一週間後に，チーフ・ナースがソーシャルワーカーのところへ「高度の敗血症で入院している患者がいる。緊急治療で少しは改善しているが，何時，急変するかわからない。患者は単身者で身内の人もいないらしい。このような時にはどうしたらいいか」という相談を持ってきた。

　病棟カルテの医療保険の管掌別は「自費」，住所は「住所不定」になっていた。医師の記録・看護婦記録・投薬記録は，いずれも，この一週間の苦闘の跡が記載されていた。

　この患者の問題点は二つあった。①症状が急変して死亡した時の取扱いの問題，②治療費支払いの問題である。

　ナースの観察では，患者の状態は少し改善しているが，まだ話をするのは無理だろうということであった。

　主治医のコメントは，ナースが言ったように，何とか命はとりとめたが状態はいいとは言えない，今後，いつ急変するかは予断できない，したがって，しばらくの間は今と同じ治療を続ける，もし，生命保持ができたとしても，2～3か月の入院が必要になる，ということであった。

　医療事務の係に治療費のかかり具合を照会した。この一週間で70万円の医療費がかかっていた。保険証の提出はしてなかった。

　本来は，患者と会ったうえで決めるのが本筋であるが，ソーシャルワーカーは，病状・予後を中心に考えて，とりあえず福祉事務所に連絡を取った。

　福祉事務所の担当者は，今の段階で生活保護法の適用ができるかどうかの結論は出せないが，緊急の状態であることは理解できるとして申出を受理した。

病状が安定して患者との面会ができるようになったら，その後，法の適用の可否を決めること，また，急変して死亡した際は，改めて病院と協議して法の適用について考えることになった。

幸いにも，2週間経過する頃には，患者は何とか話ができる程度にまで回復した。

患者に会って話を聞いた。患者は，20歳の初めに家を飛び出し，西日本地区を中心に各地を転々としていた。一度結婚したが子供もできず，離婚して以来，一人暮らしをしてきていた。本籍地には腹違いの妹がいるが，30年来，音信不通である。

福祉事務所に患者との面会ができるようになったことを連絡した。担当者が来院して数日後に，生活保護法の適用が決定した。保護の開始日は，ソーシャルワーカーが電話で連絡した日以後ということであった。入院日からの保護の開始については，実施要領の「保護の開始は申請日以降とする」という規定に対して，例外適用するには条件的に困難ということであった。

患者は4か月半後に退院した。入院中は，支給される生活保護の中から，毎月，1万円を支払ったが，退院後は，50数万円の借金を残したまま姿をくらましてしまった。

ソーシャルワーカーは，できるだけ病院の各部署との連絡を緊密にして，問題の早期発見を心がける必要がある。緊急入院の場合には，緊急処置に追われて，ソーシャルワーカーへの連絡が遅くなることが多い。

〔緊急入院の問題点とケースワーク援助〕
1) 高額な医療費
① 一般的には，予想しての入院治療なので，当初はあまり問題にならない。
② 行路病者の場合は，注意が必要である。
2) 医療スタッフ
医師・看護スタッフは，本来の業務に忙殺されている。
　　　──→ソーシャルワーカーは，情報収集の方策を，常に配慮し

ておく必要がある。
   3) 福祉事務所への連絡が必要な場合
      早急な連絡を必要とする。
         ───→生活保護法の新規申請の場合には，保護の開始日は福祉事務所の申請受理日になる。

長期入院

入院が長期化する場合には，いくつかのタイプがある。
  ① 緊急入院から引き続いてそのまま入院を継続する場合
  ② 手術後にリハビリテーションを必要とする場合
  ③ キュアよりもケア中心の医療が必要な場合
 まず，第一のタイプはキュア≧ケアを引き続いて実施する。予後は，治癒・寛解・欠損治癒・死亡まちまちである。
 第二のタイプの予後は，障害の程度を改善して欠損治癒が目標となる。
 三番目のタイプはキュア≦ケアに移行する。予後は，治癒もしくは寛解状態で退院する場合もあるが，死亡の転帰になることもある。
 入院が長期化する場合には，病院が生活の場になるためにさまざまな問題が生じる。
 ソーシャルワーカーの役割については「ソーシャルワーカーのコ・メディカルズとしての役割」の項で，
  ① 疾病治療の阻害要因になっている個人的不安
  ② 人間関係にかかわる問題
  ③ 現実的経済問題
  ④ 社会再適応にまつわる問題
  ⑤ その他，病院固有の態勢・機能にかかわる問題
の五つをあげた。
 以下，入院という家庭とは異なる生活環境の中で起こる問題を，個別的に考えていくことにする。

キュア≧ケアが主となる入院

　患者の一般的な心理として，最初に出てくることは，病気なりけががもと通りに治るだろうかという心配である。次は，どういうことをされるだろうかという心配である。
　患者は，不安の真っ只中に置かれて入院している。
　むずかしい検査を受ける人，手術室に搬送される人もいる。もと通りになって退院する人もいる。死んで退院する人もいる。
　さらに，他の人のところには面会人があるが，このところ，家族の面会が少なくなった，家で何かがあったのではないか。主治医の回診の回数が少なくなった。患者はベッドで横になっている間，このようにいろいろ考える時間がある。不安は疑心暗鬼を呼び，安静の邪魔になる。

〔患者を取り巻く不安とケースワーク援助〕
1．疾病の予後に対する不安
　1）　何時になったら退院できるだろうかという不安
　2）　もしかしたら，退院できないのではないだろうかという不安
2．治療内容に対する不安
　1）　心臓カテーテル検査, 血管造影検査, CT, MRI など，むずかしそうな名前の精密検査に対する不安
　2）　麻酔中に変なことを言ったりしないか，麻酔が覚めなかったらどうしようなど，麻酔にまつわる不安
　3）　手術に対する不安
　4）　薬をこんなに飲み続けて副作用は出てこないだろうかという薬物に対する不安
3．主治医・看護スタッフに対する不安
　1）　嫌われているのではないかという不安
　2）　見捨てられたのではないかという不安
〔疾病の予後・治療への不安とケースワーク援助〕

1．不安になっている気持ちを受け入れながら，十分，時間をかけて話を聞く
　　───→患者は，不安になっていることを吐き出しただけで落ち着くことが多い。
2．再説明の必要がある時には，主治医と連絡を取って，患者の不安な問題点を明らかにして，もう一度，説明してもらう機会を作る。
　　───→リエゾン・ワークである。
3．もし，主治医の説明が専門的になりすぎて患者が理解できていない時には，やさしい言葉で言い換える。
　　───→やさしい言葉で言い換えができるだけの知識が必要である。
4．患者は，他の患者の主治医と比較して，回診の頻度を確かめていることを主治医に伝えて，他の医師とあまり差が付かないように配慮してもらう。
5．看護スタッフには，ベッドの横に立って患者を見下ろす格好ではなく，少し腰をかがめて（患者と同じ目の高さ）で応対するようにしてもらう。

　なお，ソーシャルワーカーもベッド・サイドで患者と面接する時には，椅子があれば座って，椅子がない時には腰をかがめて患者と目の高さが同じになるようにしなければならない。
　次に出てくる患者の不安は，生活にかかわる現実的問題を中心とするものである。
　入院が長期化して検査，手術，輸血，輸液・栄養液の点滴注射などの処置が続くと，患者は医療費について不安になってくる。また，家庭の生活費のことも気になってくる。早く治りたいという気持ちの半面，だんだん不安がこうじてくる。
　家族は，患者に心配をかけまいとして，患者が治療費・生活費の話題を出すと，わざと話題をはぐらかしたりする。そのために患者の不安は余計増したりする。同時に，家族も不安定な心理状態になったりする。
　病気治療中に失職してしまうのではないかとか，学齢期の子供などの場合

には学業が遅れてしまうのではないかといった不安を抱く患者もある。
　実際には家庭内での患者の役割喪失はないにもかかわらず，患者の意識過剰が患者と家族との間に暗い影を落とすこともある。

〔現実的な問題にかかわる不安とケースワーク援助〕
1. 患者の不安を，じっくり時間をかけて聞く。
2. 家族に会って，患者が不安に思っていることを客観的に伝える。
3. 家族も患者から直接に話を聞かされて動揺しているのが普通であるから，家族の話にも，じっくり耳を傾ける。
4. 家族とどうしたら患者の不安を軽くできるかについて相談し，もし具体的に援助できることがあれば家族に手続きをしてもらう (social skills training)。
　　────→ソーシャルワーカーは，絶対に，手続きの代行をしない。
5. 必要があれば，患者への対応の仕方を家族に具体的に教える (social skills training)。
　　────→対応法の提案の際には，複数の案を出して，家族に選択させる。

　病院での生活は，一般にはあまり喜ばれるものではない。ところが，いったん入院するとなかなか退院したがらない患者がいる。独身の若い患者もいる。年を取った独り者の患者もいる。なかには，家族持ちの患者もいる。
　このような患者は，病気をして何かプラスになることがあると考えているのである。
　若い独身の男性患者の場合，入院していると食事・寝具の世話はしてもらえる，若い女性（看護師）が面倒を見てくれる，おまけに，健康保険の傷病手当金からは給料の四割程度の給付があるということで，病気で入院していたほうがいいと考えたりする。年配の単身者も，似たような動機で入院を続けたいと考える。家庭内に問題があったり，仕事上に問題を抱えた人は，入院していると煩わしさから解放されるということがある。
　このようなタイプの状態を「疾病利得」という。

病的な疾病利得として，繰り返し手術を受ける患者もいる。ポリサージャリー（polysurgery）という。
　一般的な疾病利得の患者は，現実からの逃避である。これに対してポリサージャリーは，手術を受けて痛い目に遭うことで自分の中にある罪の意識を解消しようとする場合，痛みに快感を覚える被虐的心理による場合など，精神病理的症状である。
　これらの患者は，精神科で取り扱う。
　したがって，ソーシャルワーカーが，直接，取り扱う問題ではない。ただ患者の心理的背景について，調査の依頼がある場合がある。また現実問題が背景にあり，その問題の調整または解決が必要な時に協力の依頼がある場合もある。

〔疾病利得患者への対応〕
1．疾病利得は，精神科診療の領域である。
2．精神科へリエゾンする。
3．ソーシャルワーカーは，絶対，深入りしてはならない。
　1）　疾病利得の疑いがある患者の取扱い依頼があった時は，心理的背景調査の範囲でとどめる。
　2）　現実問題がかかわっている場合でも，精神科医のコンサルテーションを受ける。

　病院は，疾患の治療を目的とした特殊な社会組織体である。合目的的社会集団（association, Gesellschaft）での人間関係は，家庭における家族関係・近隣関係とは異なる。
　家族関係を見ても，患者は家庭から離れている。残された家族は，患者をはずしたメンバーで生活している。家族内での役割関係にも微妙な変化が生じている。
　患者は，病院という新しい環境の中で生活をしている。当然，新しい人間関係の中で療養生活をすることになる。

〔病院内人間関係〕
1．患者－家族関係
2．患者－主治医関係
3．患者－看護スタッフ関係
4．患者－その他の医療スタッフ関係
5．患者－他の患者関係
6．患者－その他（職場の人など）関係

　患者が家族から離れて病院で療養している内に，患者と家族の間に問題が生じることがある。現実的に家庭のなかで発生する問題である。
　入院するまで家計収入の中心であった人が入院して長期化すると，家族の他のメンバーがその役割を代行することになる。その結果，患者の発言権が縮小する。また，家庭内の役割が代行者を中心として動き出すと，それまで患者が持っていた役割がなくなって，新しい態勢で機能するようになる。患者の家庭内における役割喪失もしくは役割の変更である。
　患者の家庭内役割をめぐる問題は，長期入院の際には出現しやすい問題の一つである。
　患者の留守中に家庭内で発生する現実的な問題には，配偶者・子供などをめぐる問題，その他の親族が絡む問題などがある。
　患者と配偶者との間の問題には，患者と配偶者との間の不和，配偶者の患者以外の異性との交遊関係，患者の配偶者以外の異性との交遊関係，離婚問題の発生，配偶者の家出などがある。
　子供の問題には，非行，学業不振，不登校，家出などがある。
　他の親族が絡んでくる問題には，財産相続，財産の処分などがある。
　この他に患者が自家営業の中心であったような場合は，家業が継続できなくなるという事態が起こったりする。
　また，経済的問題として，サラ金・ローンなどの借金なども患者と家族とのもめごとの原因となったりする。
　いずれにしても家族と別れて生活しているから，患者からするとすべてが

心配の種になり，いさかいのもとになる。

〔患者－家族関係問題とケースワーク援助〕
1．患者の家庭内役割の変化
　1）　患者の思い過ごし
　　　──→① 患者の不安を十分に吸収し，不安を軽減する。
　　　　　② 家族に患者の不安を正しく伝え，家族の口から，保証してもらう。
　2）　代位者の出現
　　　──→① 患者の不安を十分に吸収し，不安を軽減する。
　　　　　② 家族と十分に相談して，役割の変化をどのように伝えたらいいかを一緒に考える。
　　　　　③ 場合によっては，患者への影響力を持っているキィ・パーソンを選び，説得への協力を依頼する。
2．家庭内の現実問題
　1）　配偶者の問題
　　　──→① 患者の不安を十分に吸収し，不安を軽減する。
　　　　　② キィ・パーソンを選び，協力を依頼する。
　2）　子供の問題
　　　──→① 患者の不安を十分に吸収し，不安を軽減する。
　　　　　② キィ・パーソンを選び，具体的な解決策を一緒に考える。
　　　　　③ 学業については教師，非行については，福祉事務所の家庭児童相談担当者などの協力を依頼する。
　3）　家業などに関する問題
　　　──→① 患者の不安を十分に吸収し，不安を軽減する。
　　　　　② キィ・パーソンを選び，具体的な解決策を一緒に考える。
　4）　金銭が絡む問題
　　　──→① 患者の不安を十分に吸収し，不安を軽減する。

> ② キィ・パーソンを選び，具体的な解決策を一緒に考える。
> ③ 金銭の貸借関係は，民法にもとづく法律上の問題がかかわってくるので，弁護士などの法律専門家へリエゾンして，コンサルテーションを受ける。
> ④ ソーシャルワーカーは，他の専門領域に深入りしてはならない。

　なお，人間関係調整作業では，キィ・パーソンを適正・的確に選び出すのが最も重要な要素になる。したがって，キィ・パーソンは患者に最も強い影響を与えることができる人を選ばなければならない。キィ・パーソンとして誰を選ぶかは問題解決の重要なポイントになるから，慎重に対処する必要がある。

> 〔キィ・パーソンを選ぶポイント〕
> 1. 同居している親族の中で，客観的な判断と行動ができる人
> 2. 同居していない親族または親戚の中で，客観的な判断と行動ができ，患者も一目置いている人
> 3. 親族・親戚以外で，客観的な判断と行動ができ，しかも，患者が一目置いている人
> 4. 行路病人など，特殊な状況下で病院のソーシャルワーカーがキィ・パーソンとしての役割をとらなければならない時は，スーパービジョンの下で行う慎重さが求められる。
> 5. 生活保護法受給者であっても，福祉事務所の担当主事は，間接的なサポーターにはなれても，直接のキィ・パーソンとしての役割はとれない。

　患者にとって，病院生活の中で最も緊密なつながりがある人は医師と看護スタッフである。医師は治療に当たってくれる人，看護スタッフは入院している間で最も接触時間が長い人である。

医師の仕事は入院患者だけが対象のすべてではない。外来患者の治療，手術などの特殊な処置，特殊検査，研究という具合に，極めて多忙で，病棟の滞在時間は限られてくる。また，病棟には主治医として担当する複数の患者がいる。しかも，担当する患者は，一人一人，症状の程度が異なり，患者との接触・対応時間にも差が出てくる。

　一方，患者の立場では，自分の病気の治療を中心に考えるから，少しでも長く，自分だけで独り占めしたいと思う。

　医師‐患者関係のトラブルの大部分は，患者の医師に対する過剰期待と誤解にもとづく場合が多い。

　例えば，手術の前に金一封を包んだりすると，実際上は，金一封を贈られたことで，医師の側に不必要な心理的負担をかけてしまったりするものであるが，患者はこのことに気がつかない。しかも，もしも手術の結果がうまくいかなかったような場合には，逆恨みしたりすることもある。

　一般に，患者は医師に過度の期待をする傾向がある。その結果，ややもすると，医師への要求水準が高くなる。過剰に依存して，自分は何もしなくてもすべて医師がしてくれると考えたりする。

　逆に，医師のほうでも，病状・検査結果の説明の際に，患者が医学については全くの素人であることを忘れ，しかも，知的水準も同じレベルであると考えて，患者が理解できないようなむずかしい用語を使って説明してしまうこともある。患者としては，説明がわからなくても主治医に問い返すことがなかなか出来ず，不安だけが残る。ことに，症状に改善を示す変化がない時には，わざとごまかしているのではないかなどと勘繰ったりすることもある。

　患者には，主治医が唯一の頼みの綱という気持ちがある。そのために，主治医の言動の一つ一つが気になってしまうのである。

　ところで，患者‐医師関係の調整の際に忘れてはならない存在は，病棟の実際的な責任を受け持つチーフナースであり，患者が主治医に対して向ける不平・不満は，病棟管理上にも関係してくる。

　主治医と看護スタッフは，ペアとして機能する存在である。患者の医師に対する反応は，直接，病棟管理の面にも影響して，主治医‐患者関係のトラブルは，看護管理面での問題にもなってくることも多い。

病棟のチーフナースが病棟のことはいうまでもなく，医師のことにも大きくかかわりがある重要な存在であることは，患者も何となくわかっている。
　ケースワークは，社会資源を有効に使うという特徴を持っている。
　チーフナースは，患者－医師関係を調整する際に利用できる，最も効果的な人的社会資源である。治療関係の中での問題についての説明・説得をする時には，ソーシャルワーカーが前面に出るよりも，医師の立場，病棟の事情を理解しているチーフナースを利用するのが効果的である。
　ソーシャルワーカーは，患者にとっては，所詮，第三者的存在であることを忘れてはならない。
　したがって，患者と医師との間に問題が生じた場合には，病棟の実質的管理者であるチーフナースの協力を求める必要があり，直接，ソーシャルワーカーが主治医に働きかけるよりも効果的である。
　なお，ソーシャルワーカーにとっては，病棟診療録（カルテ）をよく読んで患者の病状，医師の治療方針，看護スタッフによる看護記録・看護方針を正しく把握し，理解しておくことがケースワーク援助の前提になる。
　主治医は，患者の不安を高めないために，意図的に説明をぼかすことがある。このことはカルテ・看護記録にも記載してある。これは治療方針として極めて重要なことであるので，ソーシャルワーカーとしても，特に注意する必要がある。
　ソーシャルワーカーの不注意な言動によって，治療方針を目茶苦茶にするようなことは絶対にあってはならない。

〔患者－医師関係問題とケースワーク援助〕
　1．患者の医師への過剰期待からくる不満
　　1）　主治医の回診の頻度が少ない。
　　　　――→①　患者の不満を十分に吸収する。
　　　　　　　②　患者の不安が不満という形で表現されている場合には，不安を十分に吸収して，不安の域値を下げる。
　　　　　　　③　他の患者の主治医との比較で不満が出てきている場合は，その差があまり生じないように主治医に協力しても

らう。
　　　　　④　主治医への働きかけは，病棟のチーフナースを通して実施するのが効果的である。
　　　　　⑤　患者への説明・説得は，病棟のチーフナースを前面に出してソーシャルワーカーは一歩下がるほうがいい。
　　2)　主治医が患者を避けている。
　　　───→①　患者の不満を十分に吸収する。
　　　　　②　患者の不安が不満という形で表現されている場合には，患者の不満を十分に吸収して，不安を軽減する。
　　　　　③　主治医への働きかけは，病棟のチーフナースを通して実施するのが効果的である。
　　　　　④　患者への説明・説得は，病棟のチーフナースを前面に出してソーシャルワーカーは一歩下がるほうがいい。

2．誤解から派生する問題

主治医が本当のことを言ってくれない。
　───→①　患者の「本当のこと」とは何をさすのかを正確に把握するために，患者の話に，十分，耳を傾ける。
　　　②　医師の説明がむずかしくて誤解している時には，患者にわかる言葉で言いなおす。
　　　③　主治医と連絡を取り，説明・表現の面で誤解があることを伝えて，もう一度説明してもらう。
　　　④　もし，治療の必要上から，わざと説明をぼかしていることが推測できる時には，患者が納得・了解できる表現で再説明してもらう。
　　　⑤　病棟のチーフナースに，状況を説明しておき，必要に応じて協力してもらうことを依頼する。

3．精神病理的患者

　───→①　軽度でソーシャルワーカーでの取り扱いが可能と判断される場合は，精神科医のコンサルテーションのもとでフォローする。

> ② 原則的には，精神科医にリエゾンする。

　患者-看護スタッフ関係でのトラブルには，医師の場合とよく似た状況がある。ただ看護スタッフとの人間関係では，病棟での一日の中で最も接触時間が長いために，良くも悪くも患者の観察対象になってしまうことが多い。
　基本的に患者がいだくものは不安であるので，家族から離れて病院という新しい環境で療養生活をする患者が，身の回りの世話をしてくれる看護スタッフに対して，過剰な期待をすることになるのは当然の成り行きである。
　看護スタッフに対していだく患者の不平不満は，患者が看護スタッフに期待する過度な要求水準に起因する場合と看護スタッフ自身の対応の仕方に端を発する場合との二つが考えられる。
　看護師をあらわす文学的表現に「白衣の天使」というのがあり，それが看護師の実態を歪曲して過度の期待を助長してしまう結果に結びつくことがある。看護を担当する職種の者が自らを戒めるという意味で自分を天使に擬するのは一向に構わないが，それ以外の人が要求すべきことではない。
　同じようなことは，医師の場合にもいえる。マスコミが何かといえばすぐに使いたがる「医は仁術」も医師の自戒の言葉として意味があるのであって医師以外の人が医師に強制する内容を意味するものではない。
　人はしばしば本質から逸脱して自分に都合がいいように勝手に解釈することがあり，その結果，過度な期待を要求することがある。一般的に，患者は疾病の予後に対する不安が先立つために子供がえり現象を起こす場合が多い。これを退行（regression）という。退行現象は医師-患者関係にも発現するが，病棟生活でかかわりが深い看護スタッフの場合には特に顕著に現れる。
　これとは別に，責任が看護スタッフ側に求められるものもある。それは，看護技術の基本にかかわる看護を行う際の心構えの問題である。
　例えば，手術後の身体の動きが制限されている患者へ食事の配膳の際に，食事がしやすい工夫が足りないために患者の食事に支障が生じたり，ベッド上での便器装着の時に，排便・排尿がスムーズに出来る工夫が足りなかったためにベッドを汚す結果になったり，体位交換時に，患部に不必要な痛みを与えたりなどの看護スタッフの配慮の足りなさが問題になる。

また，説明・指導の際に使う用語が患者にとってはむずかしくてわかりにくいこともある。患者は知的水準，生活環境がそれぞれに違いがある。ことに，専門的な内容の話をするときには，正しい伝達ができない場合が出てきたりする。

【事例6】

67歳の男性が呼吸器の症状があり，検査目的で入院した。

入院の翌日，面識のあったソーシャルワーカーの部屋を訪ねてきた。雑談をしているうちに「最近の看護婦は，どうも，困ったもんだネ」と言い出した。「私のことを，おじいちゃんと呼ぶんだヨ。全くの他人から，おじいちゃん呼ばわりされるされるのは，変な気分のもんだネ」とボソッと言った。

この患者は，大学で長い間，教授職についていた人であった。

後日，そのナースにそれとなく尋ねてみると，高齢の患者さんには，親しみを込めて，おじいちゃん，おばあちゃんと呼ぶようにしているという返事が返ってきた。

ナースにはナースなりの理屈があったが，この患者には通用しない理屈であった。

【事例7】

患者は出産のために入院した23歳の女性である。無事に出産を終えて退院する際に，入院費全額の支払いができなくて，ソーシャルワーカー室へ相談にやってきた。

初めての出産であるということであったので，育児の話をしているうちに，具体的な育児についての理解が心もとなかった。病棟では基本的な最低限の指導をしていたが，患者にはよく理解できていなかった。会話の応答の仕方から，知能の程度は高くなくボーダーライン以下の水準と推測された。

ソーシャルワーカーは，病棟の助産師に噛み砕いたやさしい言葉で再度の説明をしてもらうように依頼した。同時に地区の保健所に連絡して，退院後の育児指導を依頼した。

保健所の保健師が家庭訪問したところ，家には育児の準備もしてなく，それ

から急いで必要な器具を取り揃えたということであった。

　ソーシャルワーカーが患者‐看護スタッフ間のトラブルに介入する時には，ソーシャルワーカーが話の聞き役という役割に徹すること，問題点の本質を正しく把握することを第一の目標とするのがよい。患者は不平・不満を十分に吐き出すことで，精神的にも落ち着いてくるのがほとんどである。
　病棟での療養生活の際に発現する看護スタッフに対する患者の期待と看護スタッフによる実際的な対応との間のトラブルは，患者の要求水準が患者の不安と深い関係があることを念頭に置いて，病棟の責任者であるチーフナースとの綿密な連携によって病棟の実情を把握するのが前提になる。
　もし，患者の不安の原因が看護スタッフの配慮不足による場合には，同じ間違いを繰り返す可能性を否定できない。看護技術に関するものであれば，チーフナースに具体的に問題点を提示して改善策を検討してもらう必要があるし，日常的なエチケットなど看護技術以前の問題であれば，ソーシャル・スキルの観点からチーフナースを交えた改善策の検討が課題になる。

〔患者‐看護スタッフ関係問題とケースワーク援助〕
　1．患者の要求水準から生ずる問題
　　　───①　患者の不満を十分に吸収する。
　　　　　②　患者の不安が不満という形に置き換えられている時には，患者の不満を十分に吸収して，不安を軽減する。
　　　　　③　病棟のチーフナースと連絡をとり，対応の仕方について打ち合わせをする。
　2．看護スタッフ・サイドに問題がある場合
　　　───①　患者の不満を十分に吸収する。
　　　　　②　病棟のチーフナースと連絡をとり，対応の仕方について打ち合わせをする。

　病棟という特殊な環境の中で生活をしていると，患者同士の間でトラブルが発生することがある。

同室の患者のイビキや咳が気になる，自分のイビキや喘息の咳で他の患者に迷惑をかけるといったものから，他の患者から特別な宗教活動・政治活動をされて困る，特別な宗教のお祈りが耳障りになるなどといったことで，患者同士の間で仲違いが生じたり，気まずい思いをしたりする。

これらの問題は病棟管理上の問題であるから，病棟内で解決されることが多い。ソーシャルワーカーに相談があることはあまり多くない。

前者のような物理的な条件によるものは，部屋の調整をすることで比較的簡単に解決する問題である。病棟管理の実質的責任者であるチーフナースに相談すれば解決できる。ソーシャルワーカーに相談がある時は，どうしていいかわからずに患者が一人で悩んでいる場合である。

後者の場合は，信仰の問題が絡んでくるので病棟管理との関係があり，チーフナースの仕事と関係する。早めに連絡して対処する必要がある。さらに，チーフナースが「問題患者を説得するけれども信仰の問題ということを理由に協力してもらえない」などと，逆にソーシャルワーカーにコンサルテーションを求めてくることもある。

〔患者同士の問題とケースワーク援助〕
1. イビキ・咳などの物理的問題
　　──→① 患者の言い分を十分に吸収する。
　　　　② 患者の不安が原因である場合は，不安を十分に吸収して，不安を軽減する。
　　　　③ 精神病理的な状態が認められる場合は，精神科医にリエゾンする。
　　　　④ 病室を換えるなどの処置で解決できる場合には，病棟のチーフナースと連絡をとって協力を依頼する。
2. 宗教活動・政治活動などが絡む問題
　　──→① 患者の言い分を十分に吸収する。
　　　　② 病棟全体の管理にかかわる問題になるので，病棟のチーフナースと連絡をとって対応策を相談する。
　　　　③ まず，病棟のチーフナースが病棟管理上の問題としてそ

> の患者に注意し，協力してもらう。
> ④ チーフナースの説得が患者に効果がない場合は，所属団体の責任者に状況を説明し，患者を説得してもらう。

リハビリテーション

　リハビリテーション（rehabilitation）という言葉がわが国で使われるようになったのは，せいぜい30年前からであるが，今ではこの分野によせる関心は，リハビリという言葉で普及するほど非常に高くなっている。

　ところが，日本語にはリハビリテーションの本質を明らかにする言葉がない。医学の領域では治療医学を第一の医学，予防医学を第二の医学，リハビリテーション医学を第三の医学というが，社会福祉同様，この用語もはっきりした概念規定が定着しているとはいえない。治療医学・予防医学についてのイメージに比べて，リハビリテーション医学のイメージは明確さを欠いている。

　一般的にリハビリテーションのイメージは，高齢社会の出現による脳出血・脳梗塞などの脳血管障害（cerebrovascular accident，CVA）などの後遺症の治療に欠かすことができない分野であり，医学的な治療が終わってから開始される社会復帰をさすものとして受け取られている。しかし，リハビリテーション医学によると，リハビリテーションは患者の治療開始の段階から同時に始まるとしている。

　世間の常識がそのまま医学の常識とはならないことを，専門のソーシャルワーカーとしてはっきりと理解しておく必要がある。リハビリテーション医学の詳細については，専門書できちんと勉強することをお勧めする。

　なお，上田敏[10]はリハビリテーションを次のように定義付けしている。参考のために紹介する。

> 〔リハビリテーションの定義〕
> 　リハビリテーションとは障害を受けた者を彼のなしうる最大の身体的，

社会的，職業的，経済的な能力を有するまでに回復させることである。

　リハビリテーションを目的とする医学の分野は，リハビリテーション学を中心にした臨床医学，解剖学，生理学，運動学，運動治療学，機能回復生理学，工学，義肢装具学，理学療法学，作業療法学，言語治療・病理学，臨床心理学，ソーシャルワーク学，看護学で構成される。

〔リハビリテーション・チーム〕
1．医学的職種
　① 医師　　　　　　　　⑤ 義肢装具士
　② 理学療法士（PT）　　⑥ 看護師
　③ 作業療法士（OT）　　⑦ 保健師
　④ 言語聴覚士（ST）
2．心理的・社会的職種
　① 臨床心理士　　　　　④ レクリエーション・リーダー
　② ソーシャルワーカー　⑤ 教師
　③ ボケーショナル・カウンセラー

　リハビリテーション専門病院のソーシャルワーカーは別として，一般病院のソーシャルワーカーが患者に接するのは，理学療法士，作業療法士，言語聴覚士などによる訓練が開始された後になることが多い。

　身体的リハビリテーション訓練の段階にはいった患者は，個人的な程度の差はあるが，何らかのハンディキャップを負った状態で治癒（欠損治癒）することになる。少なくとも治療を開始した時には，患者は完全に元の身体に回復することを期待していたはずである。

　期待と現実とのギャップが大きいほど，問題が起こりやすい。

【事例8】
　　患者は，約10年前に交通事故によって頸椎を損傷した52歳の男性で，下肢の完全麻痺と上肢の不全麻痺がある。

入院医療費は，国民健康保険と重度障害者医療制度によって本人負担はなかった。

　患者の症状が安定して退院の話が出た5年前に，患者は収入がなくなったことを理由に，生活保護法の申請をした。さらに，身体障害者用住宅に転居する手続きをとり，この条件が満たされるまでの間，退院の延期を主治医に申し出た。

　その後，公営住宅の一階に入居ができるようになった。退院に備えて試験外泊を繰り返しているうちに，退院しての自宅での療養は自信がないと言い，退院に消極的な態度を示すようになった。

　ソーシャルワーカーが紹介した重度障害者施設への入所の斡旋に対しても，理由をつけて入所を拒否した。

　リハビリテーション訓練も，退院を促進するための主治医の意図によると考えた患者は，PTを激しく攻撃して訓練を拒否した。

　長い入院中に，患者はこのまま入院を続けるにはどうすればいいかという方法を自分なりに体得して，退院の話が出る度に演技をしていた。

　家族は，患者が退院した後の面倒をみる自信がないという気持ちが先立って，病院側に協力する気がなかった。退院の話に，患者と家族は共同して足並みを揃えた。患者も家族も，退院するよりも病院に入院しているのが一番よかったのである。

　主治医，病棟のチーフナース，ソーシャルワーカーは協議して，家族の協力が困難であれば，家庭療養でも施設入所でもない第三の道を選ぶしかないという結論に達した。

　主治医は，患者と家族の真意を汲んで，ケアを主体にする病院への転院を実現することを患者に提案した。患者は，このまま引き続いて入院していたいと主張した。しかし，この病院がキュアを主体とする病院であることを説得して，転院の同意を得た。

　このような状態の患者を引き受ける病院が現実的にはないのが実情であった。たまに，引き受けてもいいという病院があっても，患者と家族は実地見学に行っては，何かと難癖を付けて転院を拒否した。こうして半年が過ぎた。この間，ソーシャルワーカーは辛抱強く同じことを繰り返した。患者の気持ちに

も少しずつ変化が見られるようになってきた。
　7か月経った頃，主治医の友人がケアを主体とする病院を新築した。主治医が折衝して，患者を引き受けてくれることになった。その病院を見学に行った患者はそろそろ潮時と考えたらしく，新しい病院だから転院してもいいと理由をつけて退院した。

　キュアを主体とする病院では，キュア医療によって目的を達した患者が身体機能を回復して，次々に退院していく。ケアを中心とする患者を長く入院させておくのは病院の本来の使命から無理が生じる。
　一方，ハンディキャップを負うことになった患者の立場からすると，キュア医療によって障害部位の改善が可能になるのではないか，という希望を抱き，ハンディキャップを受け入れてこれからの新しい生き方を探るよりも，発病前の状態への回帰を願ってしまう。
　キュアを主体にする一般病院には，ハンディキャップを負うことになった患者が現実的に身体状況を正しく把握し，対応できるための環境条件が少ない。一般病院のリハビリテーションには，一つの限界がある。

【事例9】
　子宮筋腫手術目的で入院した39歳の女性で，播腫性血管内血液凝固（disseminated intravascular coagulation, DIC）を併発した患者である。
　手術後の麻酔から覚めた患者は，身体右側の麻痺に気付いた。
　2～3週間で退院できるはずが，入院が長引くことになった。医療過誤によってこのようになったと考えた患者は，病室内で激しく主治医を攻撃し，ナースに当たり散らした。困り果てた主治医は，ソーシャルワーカーに援助を依頼して来た。
　主治医の話によると，子宮癌の手術ではDICの併発は特に珍しくはないが，子宮筋腫の手術での併発はあまり多くはないこと，さらに，今回は開腹前の診断よりも症状が進行していて，子宮・卵巣の摘出が必要な状態であったことがわかった。
　患者は，身体の麻痺に反応して，不眠，頭痛，イライラ感などの精神症状を

訴えた。ソーシャルワーカーは，精神科医のコンサルテーションを受けることを主治医と相談した。

精神科医は，患者の現在の心理状態で精神科医が前面に出るのは，状況を一層悪くすることになるので，

① 婦人科的身体的管理と向精神薬を中心とした精神的管理を主治医が受け持つ，
② ソーシャルワーカーは患者の愚痴の聞き役としての役割をとる，
③ 精神科医は背後から助言をする，

の三点をコンサルテートした。

患者の主治医への態度は依然として攻撃的であったが，主治医は一貫して同じ態度で患者に接した。ソーシャルワーカーは患者の話を時間をかけてじっくりと聞くことに徹した。

初めの頃，泣きながら自分の不運と主治医への恨みを言っていた患者は，主治医が少しも慌てた態度を見せずに対応し続けるうちに態度が変化してきた。攻撃対象が婦人科の部長に変わって，主治医を直接に非難しなくなった。現実を受け入れるのがつらい患者にとって，まだ，何かの攻撃対象が必要な時期であった。

婦人科的治療が終了して，患者は不全麻痺の治療のために神経内科へ転科することになった。患者は神経内科病棟への転棟には消極的であった。婦人科に入院して手術を受けてこうなったのだから，完全に別の診療科に転科して，おまけに病棟まで変わるのが心配であるというのが理由であった。

ソーシャルワーカーは精神科医と相談して，患者の精神状態が安定してきている今の状況を考慮すると，今までの病室にとどまらせる方が患者の精神衛生上からも有効であるという結論になった。主治医は転棟しても暇を見つけて患者のところへは行くつもりであると言った。そこで，新しい神経内科の主治医に転棟しなくて今の病棟のまま神経内科の患者として診てもらえないかと相談して了解を得た。その後，婦人科の主治医であった医師は，婦人科の他の患者の回診時に必ず顔を見せた。

片麻痺の訓練は，PTによる病室での訓練から始まり，やがて，訓練室まで車椅子を看護婦に押してもらって行き，次の段階に進んだ。これをきっかけ

に，ソーシャルワーカーの面接は，ソーシャルワーカーの部屋で定期的に行うことにした。リハビリテーション訓練室で歩行訓練が始まると，その様子を見学に行き，担当のPTから回復の状況についての情報を得た。PTの話では，患者は非常に臆病になっていて，訓練にも消極的であることがわかった。

精神科医と今後のアプローチについて相談して，行動主義的に患者に接する[11]ことにした。リハビリテーション訓練室で患者が新しい課題を実現すると，すぐにその努力を評価した。ソーシャルワーカー室での面接の際にも，愚痴の聞き役に回りながら行動主義的に接した。

患者は平行棒歩行から松葉杖歩行，一本杖歩行，独立歩行へと進んでいった。独立歩行の段階に達すると，退院して通院による訓練へと移行する。患者のソーシャルワーカーとの面接の際の話題は，身体的症状の訴えが多くなった。患者は退院することへの不安を示し始めたのである。

ソーシャルワーカーは，病院から外に出て歩行訓練することが患者の積極的意欲を引き出すのに役立つのではないかと考えてPTに提言した。PTはこの提案を受け入れてくれたが，スタッフの都合で実現できないと言った。そこで，PTのコンサルテーションの下で，暫定的にソーシャルワーカーが戸外での訓練の介助をすることにした。具体的な打ち合わせ後に，院外での歩行訓練を始めた。

患者は病院の外へ出ることが気分転換になり，約束時間になると積極的にソーシャルワーカーに声をかけて歩行訓練に励んだ。そのうちに，自分からバスなどの乗り物の乗降練習を希望するようになって，退院していった。

退院後は，しばらくの間，通院してリハビリテーションを続けていたが，仕事の都合で自宅の近くの病院に変わりたいと申し出て転院した。婦人科での身体管理についても，自宅近くの婦人科への転院を希望し，あの先生に紹介してもらうと安心だからといって，初めの頃，恨んで攻撃対象にしていた婦人科の主治医から新しく開業医を紹介してもらった。

リハビリテーションを受けるようになった患者は，過去から脱却して，今の状態をどう受け入れたらいいか，戸惑いながら深刻に悩んでいる。患者の個人的な不安をどのように解消して，厳しい現実をどう受け入れさせていく

かが，ソーシャルワーカーの最初の課題になってくる。
　この段階で，患者はさまざまな反応を示す。失ったものに対する悲しみが，恨みに形を変えて，主治医の医療過誤として出てくることもある。看護スタッフや家族に対しては，八つ当たりとして現われたりする。それだけ，悲しみの度合いが深いのである。

〔個人的問題とケースワーク援助〕
1．患者の攻撃的（aggresive）な態度
　1) 主治医への攻撃性（aggression）
　　　例えば，医療過誤など
　2) ナース・家族・病院スタッフへの攻撃性
　　　例えば，八つ当たりなど
　　　────→① 患者の攻撃的態度は，失ったものへのとまどいと悲しみの表現と理解する。
　　　　　　② 時間をかけて十分に患者の悲しみを吸収する。
2．患者の一見不合理な要求
　　　────→① 不合理な要求も患者のとまどいと悲しみの表現であることが多い。
　　　　　　② 不合理で不当な要求である時には，はっきりと要求を拒否する。
　　　　　　③ 叶えることができる要求は，できるだけ実現する。
3．患者の消極的態度
　　　────→① 失ったものへの悲しみ，新しい生きかたへのとまどいが，消極的態度として表現されていることを理解する。
　　　　　　② 精神的には一種の抑うつ状態であるから，激励は効果がない。
　　　　　　③ 患者への対応は，行動主義的技法が有効である。
　　　　　　④ ソーシャル・スキル・トレーニングを実施する。

　身体的なハンディキャップが残る場合の経済的問題には，治療に関連する

ものと家族を含めた生活にかかわるものとの二つがある。

　治療に関連する問題には，治療費の他に治療用の装具，義肢・義足，車椅子などの補装具の調達費用が出てくる。治療用装具は医療保険の療養費立替制度の利用の問題が出てくる。補装具は身体障害者福祉法などの利用が必要になってくる。

　身体障害者福祉法による援助を受けるためには，身体障害者としての認定が必要になる。患者の中には，経済的な援助は受けたいが身体障害者と公的に認定されるのはいやという人もいる。また，治療用装具の一時的な立替はいやだという人，一時的な立替が困難という人もある。

　身体障害者の認定手続きについては，一定の必要条件があることをソーシャルワーカーはよく知っていなければならない。

　生活にかかわる経済的問題には，年金保険の障害年金が関係してくる。身体障害者認定，障害年金の申請，治療用装具・補装具の手続きの際には，指定医師の証明，主治医の証明などが，個々に必要になってくる。主治医，PT，OT，ST，義肢装具士などとの協議が必要になってくる。

　患者への最も適正な援助を実現するためには，ソーシャルワーカーも障害に対する専門的知識と装具についての専門的知識が必要になる。

〔経済的問題とケースワーク援助〕
1．治療にかかわる問題
　1）　治療費
　2）　治療用装具の費用
　　　────→①　主治医，リハビリテーション技師と協議する。
　　　　　　　②　医療保険を利用する。
2．生活にかかわる問題
　1）　身体障害者の認定
　　　────→①　患者に身体障害者として認定されることへの抵抗がある時には，患者の気持ちを十分に吸収して説得する。
　　　　　　　②　具体的な状態の説明は，主治医，担当のリハビリテーション技師に依頼する。

>   ③ 身体障害者福祉法申請の必要があると判断される時には，主治医と協議して申請に必要な条件が揃っているかを確認する。
>   ④ 身体障害者福祉法の申請は，原則として患者・家族に手続きしてもらう。
>   ⑤ 身体障害者認定のための証明は，指定医師のものでなければならないのではっきり確認する。
> 2) 年金保険の障害年金の申請
>   ──→① 主治医と協議する。
>   ② 障害年金受給要件を確認する。
>   ③ 申請手続きの指導をする。

　入院して治療が終了した段階で，患者がハンディキャップを負った状態になったことを知った家族も患者同様にショックを受ける。

　いずれにしても，家族にとっては初めての経験である。そこで，障害についての正しい認識・評価ができない家族が最初に考えるのは，リハビリテーション訓練で障害の程度が発病以前の状態まで回復するに違いないという期待である。また，家族は障害の程度を正しく評価できないために，障害の程度を低めに評価したり，逆に，大袈裟に評価したりする。

　その結果，なるべく長く入院させて，病院でのリハビリテーションを続けさせようと考えたり，患者を家庭内での役割からはずすことを考えたりする。また，家族の心身的疲弊に乗じて，新興宗教が入り込んだりすることもある。

> 〔家族的問題とケースワーク援助〕
> 1．家族の心理的・身体的負担
> 1) 家族メンバーに障害者ができたことへの心理的不安と重圧感
>   ──→① 家族の不安を十分に吸収する。
>   ② 患者を障害者としてではなく，家族の一員として受け入れることができるように援助する。
>   ③ 新興宗教の勧誘など，家族の不安を助長する状況があ

　　　　　る時には，環境整備をする。
　　2）障害者の介護による身体的疲労
　　　　──→① 家族とよく話し合って，疲労の原因を探る。
　　　　　　② リハビリテーション・スタッフに協力を依頼して，身
　　　　　　　体的な負担が少ない介護の仕方を家族に援助する。
2．患者の家族内役割変動
　　1）障害の過剰評価
　　2）障害の過少評価
　　　　──→① 主治医，リハビリテーション・スタッフと協議をする。
　　　　　　② 障害の程度について正しい理解ができるよう援助する。
　　　　　　③ 患者は何ができ，何ができないかの具体的な認識をリ
　　　　　　　ハビリテーション・スタッフと協力して援助する。

　障害者になった患者は，リハビリテーション段階を終了すると，退院して再び社会生活に戻ることになる。
　第一段階は衣食住を中心とする場への復帰である。
　まず，家族がいる家庭への復帰が当面の課題になる。ここで問題となるのは，患者の家庭内での役割に何らかの変化が生じている場合である。
　次に出てくる問題には，介護の量が多くて家庭での受入れが困難になる場合がある。食事の調達，衣服の着脱，入浴といった日常生活の行為に支障が生ずる。共働きが一般化している社会情勢では，ことに，家族メンバーの協力態勢が問題になってくる。さらに，重度障害の単身者の場合は家庭復帰が困難になる。ソーシャルワーカーは，保健所・町村役場の保健婦の協力，給食，入浴車などの地域の社会資源を利用して家族を援助するが，実際的に限界がある。
　家庭への復帰が困難になった時の対応として，社会施設の利用の問題が出てくる。

【事例10】
　患者は62歳の主婦で5年前に脊椎損傷で入院した。手術を繰り返した後，上

下肢の麻痺が残ったが，電動車椅子を操作して病院内の移動が自由にできていた。

退院に向けた方針が出た段階で，主治医からソーシャルワーカーに依頼があった。ソーシャルワーカーは，主治医から患者につないでもらってケースワーク援助を開始した。

患者は長い病院生活に慣れていて，退院に対して強い不安を示した。患者の家族は，定年退職後の第二の職場で仕事を続けている夫のほかに，県外で世帯を構えている二人の子供がいた。退院後は三歳年上の夫との二人暮らしになるという状況であった。

おおよその家庭状況を把握した後，ソーシャルワーカーは主治医，PT，OTとこれからの援助方針を協議した。

協議の結果，患者の退院後の生活は，
① 自宅に戻って夫と二人での生活をする
② 子供のうちの誰かが引き取る
③ 子供のうちの誰かが患者の家に戻って面倒を見る
④ 重度障害者施設に入所する

の四つの案が考えられ，患者が選択する方向に沿って援助することとした。

方針決定後，主治医から患者と夫に方針を伝達して，ソーシャルワーカーが援助のキィ・ステーションとしての役割をすることになった。

夫は，自宅で面倒を見るよりも，可哀相だが施設への入所も仕方がないという気持ちに傾いたが，患者自身は施設入所を拒否した。その理由は，入院する少し前に新築した家で長く住んでいないから，自宅以外のところには行きたくないということであった。念のために，ソーシャルワーカーは子供と面接して，患者の引き取りもしくは患者の家に同居して面倒を見ることの二つを確かめたが，現状では困難であることがはっきりした。

病棟内での観察，夫や子供達の話から，患者は自我意識が強く，突っ張り傾向が認められた。

退院の話が表面に出始めると，自宅に帰ると伝い歩きの必要があると言って，PTに歩行訓練を申し出た。PTは，歩行訓練の適応がないことを患者に説明した上で訓練を開始した。言葉だけの説明で納得する患者ではないことが，

わかっていたからである。患者は退院することについては消極的で，このまま病院にとどまっていたいというのが本心であった。

　ソーシャルワーカーは，最終的には施設入所の含みを残したまま患者の希望である自宅への退院に目標を定め，主治医と相談して，外堀から埋めていく作戦を取ることにした。

　退院の話が出た頃から，患者の身体の訴えが多くなった。訴えは，患者の退院への不安の表現であった。主治医は，患者の苛立ちには対症療法で対応して患者の気持ちの安定をはかり，ナースが患者の苛立ちに巻き込まれないように指示した。

　患者は，病院備品の電動車椅子が自由に操作できることに優越感を持っていて，自分の車椅子を欲しがっていた。車椅子の申請は退院が前提になることも知っていた。そこで，退院の意思を明確に方向付けする意味で電動車椅子の新調をすることにした。

　電動車椅子の申請と平行して，退院後の家屋状況の整備を目的にソーシャルワーカーとリハビリテーション・スタッフは患者の外泊日に合わせて家庭訪問した。さらに，ソーシャルワーカーは患者の居住地役場と連絡を取って，退院後の食事指導，入浴車などの療養生活に必要な援助を調整した。

　具体的な退院条件の整備を整えていく間に，夫は患者の退院に備えて勤め先を退職する決心を固めた。

　夫の協力と主治医・ナース・リハビリテーション・スタッフの足並みがそろって，患者は感謝しながら退院した。

　退院後，患者は自宅での療養生活をしている間に，施設入所のことも考えてみようという柔軟な気持ちになってきた。自宅での療養生活という現実との対決が，かたくなな気持ちを自然に変化させたのであった。

　ハンディキャップを背負うことになった患者は，病院から離れて次の段階に進む際には，多かれ少なかれ葛藤状況に陥るものである。単純な説得で解決するようなものではない。本人と家族が納得するまで時間をかけるしかないのも事実である。条件を整備して，自己決定（self-determination）ができるような援助をすることが重要になってくる。

職場への復帰の際にも同じことがいえる。患者は，必要以上に取り越し苦労をしてしまう傾向がある。一般的に，取り越し苦労をするような人は，生真面目な人であることが多い。「案ずるより生むがやすし」という諺のように，職場では職場なりの対応をしてくれる場合が少なくない。

【事例11】

　患者は26歳の男性で，小学校に入学する前に心室中隔欠損症手術の既往があった。理科系大学卒業後，化学会社に技術者として勤務していた。会社の集団健康診断の際に，胸部に陰影が認められて精密検査の指示があり，精密検査の結果，手術の適応が指摘された。

　手術後，脳梗塞を併発して，利き手である右手の不全麻痺，軽度の言語障害が残った。外科治療終了後，神経内科に転科して機能回復訓練が始まった。

　STの言語訓練によって，専門的には軽い失語が残ったが日常には差支えない程度にまで回復した。右手の機能は，OTによる訓練によって利き手交換をしなくても何とか用が足せるまでになった。

　入院期間が4か月経過する頃から，患者は職場復帰について焦りが出てきた。6か月以上休職すると復職が困難になるらしく，患者は，リハビリテーション訓練の効果が目に見えないことでイライラしていた。

　患者の精神的な苛立ちに困ったSTが，わずか1か月かそこらで，患者が納得するような目立った変化を期待するのは無理があるが，どう対応すればいいだろうかとソーシャルワーカーに相談してきた。

　その頃，ソーシャルワーカーはOTの訓練室で別の患者をフォローしていた。STの患者も同じ訓練室で右手のトレーニングをしていたので，時々，声をかける程度の顔馴染みになっていた。しかし，ソーシャルワーカーが患者にアプローチするよりも，STを前面に立てるほうがより効果的と判断した。神経質になっている患者の場合，患者の相談相手は，直接の担当者が最良である。そこで，ソーシャルワーカーはコンサルタントとしての役割をすることにしてSTと打ち合わせをした。

　患者の現状は，

　　① 障害は，単なる言い間違いと受け取られる程度までに回復している

② あとの回復は，6か月単位でフォロー・アップしなければ何ともいえない

状態であることがわかった。そこで，言語は正常に近い状態であることを保証して，後は気長に自分で練習することを勧めた。

一方，ソーシャルワーカーの観察では，上肢の訓練にまだ時間がかかるようであった。患者は，職場ではコンピュータの操作ができれば十分に用が足せるからと言って，ここでは突っ張りの姿勢を示していた。STの訓練室では一対一であるが，OTの訓練室では数人の患者と一緒であるために，異なった態度を取っていた。

ソーシャルワーカーはOTの了解を得て，OT訓練室で患者と一緒になった時に，さり気なく努力を評価することにした。

5か月に入って間もなく，患者は外泊の許可をもらって職場を訪ねて上司と会ってきた。上司は，6か月を超過しても会社の診療所の医師が認めれば復職はできると保証してくれた。上司の保証が有効に作用して，患者は見違えるように活気を取り戻した。

6か月になる少し前に患者は退院して，再び元の職場に戻った。

〔社会生活への再適応時の問題とケースワーク援助〕
1．家庭復帰の際の問題
　1）患者自身の障害の程度についての正しい理解
　2）家族の障害についての正しい理解
　　────→① 障害の程度が具体的にわかるよう，主治医，リハビリテーション・スタッフと協議して援助する。
　　　　　　② 援助の際は，患者・家族のとまどい，先行き不安を理解し，焦らずに対応する。
　3）家庭の受入れ態勢
　　────→① 家族の受入れ態勢を調整する。
　　　　　　② 必要に応じて，ベッド，便所，部屋の改造など，療養・介護のための整備を援助する。
　　　　　　③ 地域社会にある保健師派遣，給食，入浴車などの諸制

>   度を利用する。
> 2．職場復帰の際の問題
>   1) 患者の自信喪失
>   ──→① 患者の気持ちを十分に吸収して，サポートする。
>   ② 一人で考え込まずに，職場でのキィ・パーソンになる人と相談する機会をつくる。
>   2) 職場変更の必要がある場合
>   ──→職場でのキィ・パーソンになれる人に協力を依頼して，職場で検討してもらう。
>   3) 職種変更の必要がある場合
>   ──→① 職場でのキィ・パーソンになれる人に協力を依頼して意見を聞く。
>   ② 職場内での調整が困難な時には，職業訓練のための援助を行う。
> 3．社会施設入所の斡旋
>   1) 単身者の場合
>   2) 家庭内での介護が困難な場合
>   ──→① 患者の入所に適した施設を，福祉事務所の担当者に相談して紹介してもらう。
>   ② 候補施設の中から，患者に選択させて，自主的に決めてもらう。

キュア≦ケアが主となる入院

　入院治療が始まった当初は医学的処置の量が多いが，症状が安定するにしたがって，看護の量が多くなる。慢性疾患の場合は，症状が急変した時には対症療法的にキュアの量が増加するが，症状が安定するとケアにとってかわられる。

〔キュア≦ケアの傾向をたどる疾患〕
1．身体的慢性疾患
　　例えば，糖尿病，慢性肝炎，慢性腎炎，ネフローゼ，特定疾患に含まれる疾患群など，内科的治療が主となる疾患
2．精神的慢性疾患
　　例えば，精神分裂症などの精神病，その他，アルコール・薬物中毒などの精神疾患
3．癌などの悪性新生物疾患の末期状態

　蛇足ながら，慢性という形容詞がつく疾患は，急性から移行して慢性化したものと理解されていることがあるが，これは全くの誤解である。例えば，急性腎炎から慢性腎炎に変化する場合もあるが，発病と同時に慢性腎炎と病名がつくことがある。急性腎炎と慢性腎炎とは別な病気というように理解しておくほうが医学的には正しい。

身体的慢性疾患による入院

　身体的疾患が慢性化した場合の予後は，再発の可能性を考えておく必要がある寛解(remission)であることが多い。退院しても身体管理を十分にしなければならない。油断すると，再入院の必要が出てくることもある。
　この段階での入院は症状の勢いが強い時期には検査，輸液などの点滴治療などが実施されるが，症状が安定してくると，ホメオスターシスの医学的援助を主体にする定期的な検査と服薬による身体管理が中心になる。外科手術による一時的な苦痛でキュアを目的とするのとは違って，内科的投薬治療によって身体管理をするのであるから，患者にとっての身体的苦痛と精神的苦痛とともに，家族にとってもさまざまな心理的負担がかかってくる。
　これを支える機能がケアになる。患者がきちんと服薬し，食事を摂り，安静を保つことが治療の主眼になる。
　ソーシャルワーカーは，このような状況に置かれている患者が，安定した

状況のもとで療養生活が送れるように援助することを目的とする。

　入院が長期化すると経済的な負担が重荷になる。しかも，心配が先立って主治医や看護スタッフにも話さず，一人で悩んでいる場合が多い。

【事例12】

　患者は22歳の急性骨髄芽球性白血病（acute myeloblastic leukemia, AML）で入院中の女性である。患者は高校卒業後，金融会社に勤めていた。

　1年半前に，風邪ようの症状で近所の開業医にかかった。しばらく通院したが改善しなかった。検査目的で来院し，以後，入院と通院を繰り返していた。

　今回の入院は症状が重く，クリーン・ベッドに入室していた。クリーン・ベッドには医療保険が適用されず，高額の医療費がかかった。医療費の負担に耐えられなくなって母親が病棟のチーフナースに相談し，チーフナースの紹介でソーシャルワーカー室へやって来た。

　母親は看護師の資格を持っていて，クリーン・ベッドの必要性はよく理解していたが，負担が大変だから生活保護法でも受けられないだろうかと訴えた。この家族は生活保護法が適用になる状況ではなかった。

　母親の話と病棟カルテから，もし，開業医の初診日がAMLの初診日と認められると，数日後に1年6か月経過することになることがわかった。そこで，母親に開業医の証明がとれると厚生年金保険の障害年金の受給が可能になることを話して，開業医と相談するように助言した。

　開業医の証明がもらえて，社会保険事務所で障害年金の手続きができた。年金の決定は申請して4か月後になるが，援助の見込みが立っただけで家族は心の重荷を少し軽くした。

　患者は障害年金の申請をしている間，生死をさまよっていたが，2か月後に寛解状態になって退院していった。

　患者の母親は看護師の資格を持っている人であったが，生活保護法のことしか頭に思い浮かべなかったと述懐していた。

〔経済的問題とケースワーク援助〕
1．治療費
　1）　治療期間の長期化による負担
　　────①　患者・家族は，主治医に治療費のことは相談しないことが多いので，了解を求めたうえで，主治医に現在の経済的状況を話す。
　　　　　②　主治医に患者の病状，予後，治療見込み期間を聞いて，今後の計画を協議する。
　　　　　③　外来治療が可能であれば，退院の時期の調整をはかる。
　　　　　④　さらに長期の入院を要する場合には，未利用の法的社会資源を検討する。
　2）　特殊治療のための負担
　　────①　主治医に患者の経済的状況を話し，特殊治療の必要見込み期間を尋ねて相談する。
　　　　　②　患者・家族は，特殊治療がどれ位の期間かかるものかの情報を，はっきりつかんでいない場合が多いので，期間，必要見込み金額の情報を伝えて相談する。
　　　　　③　特殊治療の場合には，公的な援助が適用にならないことが多いので，家族側での解決策がないかを検討する（特殊治療は短期間のことも多いので，家族の協力が得られる場合も少なくない）。
　　　　　④　家族の協力が困難な時には，病院側での妥協策を検討する。
2．生活費
　医療費などの負担にともなう支出増の影響
　　────①　年金保険の障害年金受給について検討する。
　　　　　②　障害年金の受給資格があっても，利用の仕方を知らない人が多いので，情報提供する。
　　　　　③　障害年金の受給資格要件を満たしている時には，申請手

| 続きを指導する（生活保護法は他法優先の原則があるので要注意）。 |

　入院期間が長期化すると，患者は精神的にも影響が生じてくる。神経症の症状・心因反応を発現することもある。身体疾患であっても，重度の症状の時には，意識障害を発現することがある。これらの症状はソーシャルワーカーが扱う領域ではない。精神科医の領域である。
　このような患者と遭遇した時には，速やかに精神科医にリエゾンするが，きちんと判別できるだけの知識が必要である。なお，重度の身体疾患から二次的に発現した精神症状は，身体症状の改善によって回復することも理解しておく必要がある。
　臨床場面では，ソーシャルワーカーが患者の個人的（personal）な側面を取り扱うことも決して少なくない。しかも，ソーシャルワーカーが心理学，あるいは精神医学領域の問題をフォローすることも起こる。その時には，専門家のコンサルテーションの下で対応しなければならない。
　日常生活の中での人は，個（personal）だけとして存在するのではなく，他の人とのつながり（social）のなかでの個として存在する。ソーシャルワーカーが心理学担当者（psychologist）や精神科の医師（psychiatrist）と異なるのは，前にも述べたように，立脚する学問的基盤の違いによるものである。ソーシャルワーカーは患者のパーソナルな問題にもかかわるが，現実的原因によって生じた問題を援助する職種であることを，いつもしっかり頭にいれていなければならない。善意だけを唯一の足がかりとして，中途半端な知識を振り回すことは，絶対にしてはならない。
　原則的には，ソーシャルワーカーが独自な立場で扱う患者のパーソナルな問題は現実レベルのものである。したがって，的確な専門家へのリエゾンがソーシャルワーカーの重要な役割の一つである。機械的に譲り渡せばよいと

＊　障害年金の受給資格　①　厚生年金保険の被保険者であった間に初診日がある病気またはけがであって，初診日から1年6か月経過した後に，法が定める障害等級に該当するもの。②　厚生年金保険の被保険者であった間に初診日がある病気またはけがであって，初診日から1年6か月以前に病気・けがが治り，法が定める障害等級に該当するもの。③　国民年金の場合は，保険料の滞納期間が被保険者期間の三分の一を超えないことが条件。

いうことではない。ただ，援助対象がいずれも人である点が共通することはいうまでもない。

関連領域についての正確な知識がソーシャルワーカーになければ，自らの領域での援助ができなくなる。柔軟な対応ができるだけの知識と判断力が要求されるゆえんである。

ソーシャルワーカーが出会うことの多い個人的問題は，広い意味での患者の性格傾向と知的水準にかかわる問題である。医学的には入院管理が必要であっても，自覚症状をともなわない状態の場合，患者の中には入院している意味が理解できなくて投薬の指示や安静の指示を守らなかったりする。

それは性格傾向によることもあれば，知的水準が低いために指示の意味がわからずに自分勝手な行動をとっていることもある。病棟スタッフがきちんと説明したつもりでも，患者が指示にしたがってくれなければ，困った患者ということになる。このような場合には，直接，ソーシャルワーカーが出ていくよりも，看護スタッフを前面に出して背後からコンサルテーションするほうが効果的なことが多い。問題点の本質を分析し，状況の改善のためにどう対応すればいいかを一緒に相談しながら助言するのがよい。

ケアの場面では，このような患者は特に珍しくない。看護スタッフがよいケア・サービスを続けるためにも，ソーシャルワーカーのコンサルテーションによって患者への対応技術を身につけることが必要になるからである。

〔個人的問題に対応する病棟スタッフへのコンサルテーション〕
1．指示を守らない患者
　──→① 病棟カルテをよく読む。
　　　② 看護スタッフから話をよく聞く。
　　　③ 指示を守らない理由を病棟スタッフと一緒に検討する。
　1）指示の意味が理解できていない場合
　　──→① 知的水準が低いと判断される時には，わかりやすい言葉で説明しなおす（知的水準が低いと，わかってなくてもハイと言うことがある）。
　　　　② 医学用語は一般の人にはむずかしいことがあるので，

別な言い方を工夫する。
2) ヤケを起こして，わざと指示を無視している場合
　　→① 主治医と相談して，指示を守る必要性を，もう一度，説明してもらう。
　　　② その後で，チーフナースのスタッフが患者の気持ちを十分に吸収する。
　　　③ 相談したい時には，何時でも相談に来てもよいと保証する。
　　　④ 精神状態が非常に不安定な時には，精神科医に相談する（向精神薬が有効な時がある）。
　　　⑤ 病棟スタッフに時間的余裕がない時には，ソーシャルワーカーが代行する。

入院が長期化すると，患者だけではなく家族にも影響が出てくる。

患者の留守中に家庭内にさまざまな問題が発生することもある。また，患者の病状が重くなると，急変に備えて家族の誰かが病院に付きっきりになったりすることもあり，そのために家族の心身両面にもさまざまな影響が現われる。

留守家庭の中で発生する問題には，患者の発言権がなくなったり，場合によっては患者の家庭内役割に変動が出てきたりすることがある。中小の自家営業などの場合には，主人が長期の入院になったために，経営に行き詰まりが生じたりすることもある。患者と家庭に残された配偶者との間，家族間の調整役の不在にともなう親子・兄弟間などの家族内人間関係のトラブル，あるいは，非行・犯罪などの反社会的行為などが生じたりすることもある。

家庭内のトラブル，病院での介護などによる精神的・身体的な疲労が家族に現われることがある。

これらは入院が長期化し，しかも，症状の目立った変化がない時には，家族の不安・いら立ちがトラブルの原因になったりする。これらの不安・いら立ち・焦り・迷いは，医療に対する過剰な期待，患者への過保護，民間療法の勧め，新興宗教の勧誘など，周囲からの雑音によって増幅される。

〔家族的問題とケースワーク援助〕
1．家庭内の問題
 1) 家庭の経済基盤への影響
 2) 家庭内の人間関係に発現した変化
   ──→① 家族の話にじっくりと耳を傾け，家族が置かれて苦しんでいる状況を把握・理解することによって，家族の不安を軽減する。
     ② 問題解決に重要な役割を果たしてくれるキィ・パーソンを選定する。
     ③ キィ・パーソンと相談して問題の解決策を具体的に協議する。
2．家族の問題
 1) 家族の精神的疲労
   ──→① 家族の話をじっくり聞いて，精神的カタルシスの機会をつくる。
     ② 患者の病状についての不安が基礎にある時には，主治医との話し合いの機会をつくって，患者への対応の仕方の再整理を援助する。
     ③ 精神的カタルシスが必要な時には，何時でも相談に来れるように保証して，窓口をあけておく。
     ④ 精神状態が不安定で向精神薬の投与が必要な時には，精神科医と相談する。
 2) 家族の身体的疲労
   ──→① 病棟のチーフナースと相談して，家族による介護の仕方に負担がかかり過ぎないように，例えば，介護の省力化，休養時間の設定などに協力してもらう。
     ② チーフナースとの協議の時には，ケアとの関連が大きいので，具体的な提案をして双方の妥協点を見つける。
     ③ 家族内での交代要員がいないかを相談して，一人だけ

に負担がかかり過ぎないように調整する。

　慢性疾患の場合の予後は「寛解」であるから，退院後は通院治療――→自宅療養という形で継続することになる。したがって，症状が安定してくると，退院後の療養生活に備えて食事・運動面での指導が始まる。

　直接的な指導には栄養士・看護スタッフが当たるので，これらスタッフの指導が効果的に運ぶために，ソーシャルワーカーは間接的な条件整備の役割を取ることがある。知的水準の低い患者への指導の仕方，生活環境・文化水準に合わせた指導などについてコンサルテーション，家族側の指導の中核となるキィ・パーソンを選択する手伝い，患者のバック・グラウンドの調査，必要に応じて，保健所などの地域の社会資源の利用を援助したりする。

精神的慢性疾患による入院

　入院によって精神的慢性疾患を管理する病院は，精神病院と精神科病棟を併設する総合病院である。

　病院に入院する精神疾患の大多数は精神分裂病(schizophrenia)である。軽度の精神分裂病の管理は開放病棟で行うが，重症の場合には，患者の危険防止を目的に閉鎖病棟での管理を行う。近年，向精神薬物の進歩によって入院期間の短縮が実現してきているが，入院期間は，年単位であることも珍しくない。退院後の精神衛生管理面での問題との関連で，疾病の再発・再入院の繰り返しも多い。

　精神科の病院には，精神分裂病の他に躁うつ病，アルコール・薬物中毒，老人性痴呆などの患者が入院している。

　精神疾患と身体的慢性疾患との違いは，自分の生命だけではなく，他人の生命にも害を及ぼすことがある点である。したがって，管理面での特別な配慮が要請される。しかも，精神疾患に対する一般の認識は，依然として偏見・誤解など旧態のままである。一般の人の知識は，マスコミによるセンセーショナルな報道をそのまま受け入れてしまう結果，偏見・誤解から一歩も進歩しない。

精神分裂病の患者は、病気の特異性や家庭・地域社会での受入れがうまくいかないために一般社会での生活が制限され、病院に入院する期間が長くなることが多い。入院治療を主体に考え、職を身につける機会が制限される状況を配慮すれば、生活保護法による援助が具体的方策として出てくる。したがって、医療費の問題は生活保護法の医療扶助、生活費の問題は生活扶助によって賄われることが多くなる。

症状が増悪して、自傷・他害の危険性が強い時には、精神保健法による措置入院の適用が考慮される。医療保険の被保険者に対しては、精神保健法の適用がある。

生活費を中心に考えると、無拠出保険を含めた年金保険の適用が検討の対象になる。

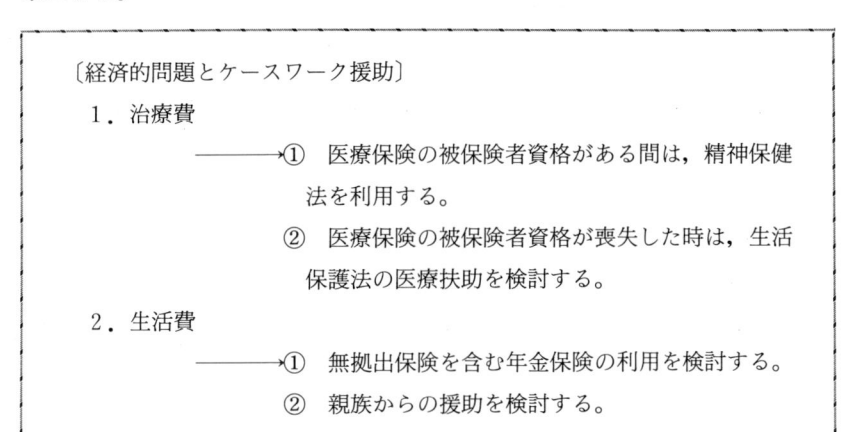

〔経済的問題とケースワーク援助〕

1. 治療費
   - ① 医療保険の被保険者資格がある間は、精神保健法を利用する。
   - ② 医療保険の被保険者資格が喪失した時は、生活保護法の医療扶助を検討する。

2. 生活費
   - ① 無拠出保険を含む年金保険の利用を検討する。
   - ② 親族からの援助を検討する。

精神病についての理解は一般的に浸透していないばかりではなく、むしろ精神疾患に対する誤解・偏見が広く定着している。

精神疾患の患者は、自分が病気であることを認めようとしない。専門的には「病識がない」のが精神病の特徴とされる。家族も同じように患者の病気を認めたがらない傾向がある。ただ、家族の場合は世間一般にある偏見を意識して、なるべく認めたくないという気持ちが働いていいほうに解釈しようとすることが多い。また、仮に家族が理解していても、周囲の精神障害者を見る目が家族の肩身を狭くするように働いている場合も少なくない。

家族が精神病であると認めるのに抵抗が生じるのは，周囲にある世間の目に対する防衛の姿勢である。
　精神障害者に対する正しい理解の足りなさは，ソーシャルワーカーも決して例外ではない。精神障害者が不当に差別されているという善意を基礎にした先入観が先走って，肝心の精神障害への正しい理解が欠落していることがある。これは，ソーシャルワーカーの素質にも関係するが，教育過程での問題点でもある。
　ある精神病院に，大学で社会福祉学科を専攻していて，将来，ソーシャルワーカーを目指している学生が，実習を目的にやってきた。その学生は患者との面接を希望して，いきなり病室へ入り込んできた。病棟のナースが学生の入室を断ったところ，非常に不服そうな顔をした。
　この学生の態度には，二つの問題点があげられる。
　一つは，常識的なエチケットの問題である。よその領域に足を踏み入れる時には，そこの責任者に声をかけて，許可をもらってから中へ入るというのが常識である。他人の家に足を踏み込む時には，誰でも必ず了解を得る。
　もう一つは，精神障害者についての基礎的な理解が全く欠如しているという決定的な問題である。精神障害者の保護を目的として，精神病院の病室は厳重に管理されている。これは，外部の人に対する配慮も含まれている。毎日，患者の状態を観察している病室の責任者が，面会・面接しても差支えないかどうかを判断して決定をする。精神障害者の病態をよく知っているのは病室の看護スタッフである。
　少なくとも，この学生に精神科疾患の正しい理解があれば，慎重な行動をとったはずである。これは極めて珍しい例であろうが，将来，精神科領域のソーシャルワーカーを目指す学生の知識の程度がこのレベルであるということは恐ろしいことである。
　身体疾患であっても，一般的に入院の期間が長くなると面会者の面会回数が減少する。精神疾患の入院の場合は，家族の面会も足が遠のくことが多い。着替えの品物がなかったり，洗濯物が溜まったりして困ることがある。
　また，家族の不安を利用して新興宗教や民間療法を勧誘する人が出てきて，家族を巻き込んだりすることがある。

〔家族的問題とケースワーク援助〕
 1．精神疾患についての知識不足
  ────→① 主治医から説明してもらうように機会をつくる。
     ② 主治医の説明がむずかしくて，理解ができていないと判断される時には，わかりやすい言葉で説明を補足する。
     ③ 家族会など，グループワークを利用して啓蒙活動を援助する。
 2．世間の目に対する過剰な反応
  ────→① 家族の不安な気持ちを十分に受け入れて，不安を軽減する。
     ② 抗不安薬などの向精神薬の投与が必要な状態の時には，精神科医に相談する。
     ③ 家族会など，グループワークによる援助をする。
 3．家族の面会回数の減少
  ────→① 家族会の啓蒙を通じて，協力を依頼する。
     ② 個々のケースについては，看護スタッフと連絡を取り，早めに対応する。
 4．新興宗教，民間療法などの勧誘
  ────→① 悪影響があると判断される時は，家族とよく相談して，はっきりと断るように，断り方を助言する。
     ② 家族の意思にもかかわらず，勧誘が続いて困っている時には，団体の上位者に相談して協力を依頼する。

　精神疾患の予後が寛解であることを考慮すれば，症状が安定して退院した後も，再入院の可能性を念頭におく必要がある。精神障害者以外の人から見ると何でもないようなわずかな刺激でも，それがきっかけになって，症状の再発が見られたりする。したがって，患者が退院した後，再び入院することもなく社会生活が続けられるように入院中の段階から配慮し，対策を講じることは，ソーシャルワーカーにとっての重要な課題の一つになる。

人が生活する場所は，嘘と本当を上手に使い分ける柔軟性が求められるという荒波の真っただ中である。精神病院は，精神障害者にとって現実社会の荒波から隔離，保護してくれる避難場所でもある。

　一方，精神障害の特徴の一つに，社会性つまり他の人との付き合い方に問題があることが多い。精神障害者は自分の殻の中に閉じこもってしまったり，相手の存在を無視したり，逆に，ひどく気を使い過ぎたりする。器用に人と付き合っていけないのである。現実社会の中で生きていくためには，その人なりのノウ・ハウを身につけなければならない。

　さらに，現実社会の変貌は激しく，入院期間が長くなると，社会の仕組みそのものの変化に取り残されてしまう結果となる。先端技術の導入によって，日常の生活場面にも著しい変化を見ることができる。買い物の場面でも，スーパー・マーケット方式の支払いが普及している。JRの切符は，窓口ではなく自動販売機で購入しなければならない。バスはワンマン方式になっている。現実社会では，人と人との間に機械というブラック・ボックスが介入してしまっている。例をあげるのに枚挙のいとまがないくらいである。

　精神障害者であっても，症状が改善すると再び現実社会に戻らなければならない。連続した時間の流れの中で，これらの変化を自然に学習する機会がなかった入院患者にとっては，現実的な日常生活への復帰が困難になってくる。

　精神障害者の個人的問題への対応は，精神障害が持っている特徴と現実社会への適応能力の再開発の両面からのアプローチが要請される。

〔個人的問題とケースワーク援助〕
1．患者自身の社会的適応不全性
　　────→① 周囲の人と上手に付き合いができるためのソーシャル・スキル・トレーニングを行う。
　　　　　② 患者の行動を評価し，保証する。
2．社会生活への適応不全性
　　────→① 病院内でのシミュレーション・トレーニングを行う。
　　　　　② 病院外での具体的なソーシャル・スキル・トレーニングを行う。

```
        ③ 患者の行動を評価し，保証する。
   3．患者の心理的過剰防衛
   ──→① 傷つきやすい患者の気持ちを十分に理解する。
        ② 患者の気持ちをサポートしながら，再発防止のために必
          要な基本的対策の学習を援助する。
```

　入院中・退院後の外来通院のすべてを通して，精神障害の医療の問題と健康管理を着実に実現するためには，患者自身の健康回復への医学的援助と同時に，患者をとりまく家族の理解と協力，地域社会の理解と援助が不可欠の要因となる。

　精神障害者へのソーシャルワーク援助をむずかしくしている原因の一つに，精神障害に対する偏見の問題と，医療についての理解不足がどうしてもかかわりを持ってくる。

　ソーシャルワーカーは直接の医療職ではないが，精神薬理についての基本知識は精神科領域のソーシャルワーカーにとっても欠かすことはできない。これは，患者自身および家族に対して服薬の継続の必要性を側面から啓蒙する必要があるからである。

　近年，向精神薬物の開発によって，症状のコントロールは可能になり，服薬管理がきちんとできれば，再発の防止も決してむずかしいものではなくなった。精神障害の医療と健康管理にとって，正しく服薬を継続することは重要な課題になる。もし，患者が勝手に服薬を中止している時には，速やかに主治医と連絡を取って元の状態に戻す必要がある。副作用を気にして服薬を中止している時には，患者の不安を十分に吸収できるだけの基礎的知識が必要になる。

　言うまでもなく，患者の薬についての指導は主治医の領分であって，ソーシャルワーカーは直接関与できないが，基礎的な知識がなければ患者の不安を客観的に受け止められなくなることがあるからである。

　家族による患者の服薬管理についても，患者をとりまく地域社会の人々についても全く同じことがいえる。家族は自分なりの間違った判断から勝手に服薬を中止させたり，周囲の人の間違った入れ知恵に惑わされたりする。

〔精神医学ソーシャルワーカーに必要な医学的知識〕
　1．精神障害についての医学的知識
　2．精神薬物についての薬理学的知識

　入院による積極的な医療が必要な時期を過ぎると，患者は偏見と無理解が残っている一般社会に戻っていくことになる。この段階になると，ソーシャルワーカーの出番が出てくる。

　受け入れ家族がある場合も，家族内での位置づけの変動があったりして，自分の落ち着き場所がなくなったり，お客様的な取り扱いを受けたりして，症状が再発することもある。受け入れ家族がいない場合には，地域社会での生活が困難になることも多い。コミュニティワークがソーシャルワーカーの課題となる。

〔一般社会への復帰の問題とケースワーク援助〕
　1）患者の問題
　　──→① 患者の不安を十分に吸収する。
　　　　② 社会生活に合わせたソーシャル・スキル・トレーニング（デイケアを含む）を行う。
　2）家族の問題
　　──→① 家族の不安を十分に吸収する。
　　　　② 家族会などによって，病気についての理解を深める援助を行う（グループワーク）
　　　　③ 患者との生活面での対応についてのソーシャル・スキル・トレーニングによって自信をつけるように援助する。
　3）地域社会の問題
　　──→① 保健所などの行政機関との連携によって，精神障害への啓蒙活動を行う。
　　　　② 職親を開発して，患者が仕事につく機会をつくる。
　　　　③ 患者が入居できるように援助する。

「精神医学ソーシャルワーク」を PSW という言い方をすることが多い。同時に「精神科領域のソーシャルワーカー」のことも PSW と言っている。一般診療科のソーシャルワークとソーシャルワーカーを MSW と言い，MSW を一段下に見る傾向がある。そこには，精神と身体とを二元論的に分けて精神を上位に価値付けるという考え方が，暗黙のうちにある。病気，健康管理の視点から見ると，精神科領域の疾患も一般診療科領域の疾患も同じレベルのものであり，上下の差はない。対象疾患の違いから，当然，診断・治療法に差異があるだけである。精神科であるから心理的な問題を取り扱うということではない。一般診療科の領域でも，慢性身体疾患の末期に発症する症状精神病，老人期もしくは老人病に併発する老人性痴呆，ターミナル・ステージの患者の問題などでは，いわゆる心理的知識と心理的対応が要請される。

PSW と名乗ることで，精神科領域のソーシャルワーカーが上位に位置づけされるという錯覚に陥ることは避けなければならない。むしろ，対象疾患の違いによって，呼び名に相違があると考えたほうが正しい。

医学の専門家としての精神科医の業務に，応用社会学の一つである社会福祉学の専門家としてのソーシャルワーカーがどう協力するかというのが，ソーシャルワーカーに向けられた課題である。ソーシャルワーカーは診療協力専門職（co-medical professional）としての役割を果たさなければならない。精神的な問題にかかわるという理由から，下請け業（sub-medicals）として医師の下請け業務を請負って満足していては，ソーシャルワーカーの主体性が不明確になってしまう。

一般病院のソーシャルワーク，いわゆる MSW が抱える課題については，これまで述べてきたが，PSW として独自の歩みをしてきた精神科領域のソーシャルワーカーに対しても，改めて同じことを言っておきたい。

〔PSW の課題〕
1．PSW は，単なる精神科医の下請け業（sub-medicals）ではない。
2．PSW は，診療協力専門職（co-medical professional）のソーシャルワーカーとして「専門的に何ができるか」を明確にする。

ターミナル・ステージ期の入院

生まれてきた以上,「死」は当然の帰結である。しかし,人は死を不吉なこととして,話題にすることもなるべく避けたいと考える。したがって,医療についても「生」に焦点を合わせたキュアに期待を寄せる。

たしかに,診断医学と治療医学の進歩および発達は,治療が困難であった疾患へのアプローチを可能にするようになった。しかし,診断と治療の二つは並立しない。診断はつくが,治療が追いつかないという病気も少なくない。癌・肉腫などの「悪性新生物疾患」や,いわゆる難病といわれる「特定疾患」などは,その代表的な疾患である。

どちらも治癒が困難という点では共通する。ただ,癌などの悪性新生物疾患には,近い将来に「死」という結末が予測されるという厳しさがある。

避けることができない「死という結末」に焦点を据えて医療を行う段階を,ターミナル・ステージ（terminal stage）という。この段階ではケアが重要な課題になる。

ここでのキュアは,患者の苦痛をやわらげる対症療法に焦点を合わせた消極的な対応にとどまる。治癒という積極的効果は期待できない。

【事例13】
　　患者は68歳の食道腫瘍Ⅳ期の男性である。二か月前より嚥下困難の症状が出現し,開業医を経由して手術目的で入院した。主治医は,患者に病名を潰瘍と説明していた。
　　患者は東京の旧家の妾腹の子として出生した。
　　5歳時に,実母は多額の持参金とともに患者を連れ子にして九州の田舎に嫁いだ。母親の死後,青年期に達した患者は,母親の持参金のことで養父と口論になり家に放火した。
　　刑務所出所後は,炭鉱労務者などをして九州各地を転々としていた。腕には入れ墨を彫りこんでいた。結婚の経験はあったが,離婚後は単身生活を続けていた。子供はなかった。

数年前より生活保護法の適用を受け，軽費老人ホームに入所した。どこか気位の高いところがあり，交友関係は少なかった。
　入院後の検査中の段階で，患者は外出をしつこく希望し，主治医や看護スタッフを困らせた。説得したが効果がないために，ソーシャルワーカーに取り扱いの依頼があった。
　患者に面接して外出したい理由を尋ねると，家に大事なものを保管しているが，戸締まりが心配で気持ちが落ち着かないということであった。老人ホームの管理人か福祉事務所のケースワーカーに戸締まりを確認してもらったらどうかと提案したが，信用できないという返事しか返ってこなかった。
　じっくりと時間をかけて話を聞いているうちに，患者は他人にとってはつまらぬ物かもわからないがと前置きして，大事な物というのは電動の大工道具であると言った。
　以前に老人ホームの管理人と福祉事務所のケースワーカーから処分したらどうかと言われたことがあって，彼らは信用できないと思い込んでいた。
　ソーシャルワーカーは，患者の電動大工道具に対する執着を認めた後に，現在は検査の段階であるので，すぐには無理だが必要な検査が終わり次第，主治医と相談してなるべく早く外出の機会を作ることを提案した。
　主治医に相談して，2日後には検査が一応終了すること，現在の身体状態であれば半日の外出許可を与えることの了承を得た。
　検査が終わって外出が許可された日は，あいにくの雨であったが，患者はいそいそと外出していった。
　予定時間よりも早めに病院に帰ってきた患者は，道具は手入れをして，安全な場所にきちんと保管してきたことをソーシャルワーカーに報告した。
　その後も，患者に会って面接を続けた。患者は落ち着いて治療を受けていた。患者のところには面会者もなかったので，誰か連絡をとりたい人物がいないかという話題を出した時に，碁会所での知人である牧師の名前が出た。患者の記憶をもとに連絡をとると来院してくれた。牧師の話によると，老人ホームへの入所の時にも世話をしてきたが，ここしばらく連絡がとぎれていたということであった。
　牧師は，教会の前任地が患者の養家がある町であったことから，信者ではな

かったが，患者の生育歴についてもよく知っていた。患者の病名を知った牧師は，患者の養家の町の寺の住職と連絡を取ってくれて，腹違いの妹が面会に来てくれるようになった。

牧師の話によると，患者は家に放火したことを悔やんでいて，いつの日か故郷に戻れたら家を建て直したいと言っていたということであった。

この話から，患者が電動大工道具に執着していた意味が解明された。牧師は電動大工道具のことは知っていなかった。

手術して3か月後，患者は妹に看取られながら永眠した。遺骨は妹に抱かれて，帰りたいと思い続けていた養家がある町に帰っていった。

患者は，自分の病気がどういう病気かを知りたいと思っている。しかも，死ぬことは絶対にないという保証付きの病名である。一方，治癒の見込みが立てられる場合は別として，死の転帰を前提にしなければならない患者に対して，病名をどのように告知するかの問題は，医師にとっては最大の課題となる。

患者を支配しているのは，もしかして死んでしまうのではないかという不安である。ここに病名告知のむずかしさがある。

マスコミの報道によると，アメリカでは病名の告知が百パーセントなされているかのような表現に出会うが，アメリカでも病名告知に反対している医師もいる。アメリカで病名告知が多くなされているのは，キリスト教を背景にした文化的風土もあるが，本当の病名を告知しなかったために告訴されるといった法的契約問題が介在しているのも事実である。

わが国では，二者択一的な発想が一般的に主流になっている。病名告知をするのが正しく，病名を隠すのは悪であるというマスコミの論理を基準とした短絡的な論理が幅を利かしたりする。必要なのは，画一的な基準ではなく，個々の患者の不安に対応する的確な判断である。

医師は専門的立場から患者をみて，病名告知をするかどうかを総合的に選択する。キュアの効果が期待できる時にははっきりと病名を告知するが，死の転帰が予測される時には別な表現を工夫する。本当の病名を告げられることが，患者にとってマイナスな効果しか期待できない時には，医師はまっ赤

な嘘をつくことだけはしない。患者に合わせて，表現の仕方にさまざまな工夫をする。

　看護スタッフサイドでは，病名の表現を医師に合わせて統一することに気をつけている。看護用語では「病名統一」という言い方をする。

　家族に病名の告知がなされている場合でも，患者には別な病名が告げられることが多い。患者は，自分の病気が普通の病気ではないらしいことをなんとなく感じている。そこで，患者は本当の病名をなんとかして聞き出したいと考える。

　主治医は本当の病名を言わないが，自分の体の具合から判断すると，ただならぬ病気のような気がする。そこで，家族に尋ねても，曖昧な返事しか返ってこない。患者は「死に対する不安」の真っただ中に置かれる。

　患者は，死の転帰を示す病名を知りたいと言っているのではない。死につながる病気ではないことを保証してもらいたいと思っているのである。

　この時期に，最も辛い立場に立つのは家族である。

　ところで，一般病院でソーシャルワークに従事すると，病気を治癒しようとする場面だけではなく，これから死を迎える患者（dying patient）への医療目的に協力することが要求されてくる。ターミナル・ステージにおかれている患者に対して，死を受け入れさせる援助という形のものはない。キュアを目指している患者と同じ形のソーシャルワーク援助が依頼される。

　この場面の中で，ソーシャルワーカーは死を迎える患者と接することになる。

　患者にとって，自分の病気の予後は重大な関心事である。そこで，患者がこの不安な気持ちを，ソーシャルワーカーに向けて働きかけてくることがある。

　一般に，自分の病気が，直接，死とつながらない病気と考えている患者は自分の病名を特別の話題にすることはない。患者が病名にこだわるときは，患者の不安が高くなっているサインである。

　カルテなどで患者の病気を「死につながる病気」であると知っているソーシャルワーカーが，患者にすがるような目で"私の病気は癌ではないだろうか，誰も本当のことを教えてくれない"と問い詰められると，ソーシャルワー

カーもどう対応すればいいかわからず不安になることがある。

患者が"もし，癌であっても覚悟ができている"と言ったりしても，必ずしも患者の本心ではない場合が多い。医師が患者に本当の病名を告知していない時には，医師としての判断がそこにあることを銘記しておかねばならない。患者に病名を告知するのは医師の仕事である。ソーシャルワーカーは，患者に病名を告知する行為を絶対にしてはならない。

ソーシャルワーカーが自分の不安を解消するために，患者に本当の病名を言ってしまうというのは，最低の行為である。

ソーシャルワーカーには，医療スタッフが苦心惨憺して守っている患者を不幸のどん底に追い込む権利も資格もないのである。

それではどのように患者の疑問に答えたらいいのか。

対応の仕方は二つある。一つは，病気のことは専門ではないからよくわからない，もし，病気のことで気がかりな点があれば，直接，主治医に尋ねるのが一番いい方法であると勧めるやり方である。この際，患者は"主治医が本当のことは教えてくれない"という可能性がある。その時には，あなたの気持ちは，よく主治医に伝えておくからと保証をする。

二つ目の対応の仕方は，少しばかり高度の面接技法が必要になるが，患者の不安を逆にフィードバックすることで，患者の不安を軽減させるやり方である。

これらの対応の仕方は，いずれも，バイステックのケースワークの原則を十分に理解し，実際的な面接経験を数多くこなす必要もある。同時に上位のソーシャルワーカーからスーパービジョンを受けること，精神科医・サイコロジストによるコンサルテーションを受けることも大事になる。

〔患者の不安とケースワーク援助〕
1. 本当の病名を誰も教えてくれない。
　───→① 患者は，必ずしも本心から病名を「知りたい」と願っているのではなく，同時に「知りたくない」という全く反対の気持ちを持っていることを理解する。
　　　② 主治医は,本当の病名を告知することによって,患者を不

　　　　　　幸のどん底に落とし入れるのを避けていることを理解する。
　　　　　③　病名については，ソーシャルワーカーは医学の専門家で
　　　　　　はないことを話して，疑問点は主治医から，直接，説明し
　　　　　　てもらうようにと助言する。
　　　　　④　主治医に対しては，患者の気持ちを伝えることを告げて
　　　　　　保証する。
　　2．このまま，死んでしまうのではないだろうか？
　　─→①　どうして，死んでしまうのではないかと考えるのか，患
　　　　　　者の質問の言葉をそのまま投げ返して，患者の不安を十分
　　　　　　に患者自身に話させ，カタルシスすることによって不安を
　　　　　　軽減する。
　　　　　②　患者の不安を時間をかけてじっくりと吐き出させた後に，
　　　　　　主治医と相談して，主治医から患者の疑問に答えてもらう
　　　　　　ようにすると保証する。

　患者が同じような質問を家族にして，家族が悩んでいる場合がある。家族への疑問の投げかけ方は，直接的な言い方だけではなく，持って回った言い方をすることがある。死を暗示する話題を出して，家族の反応を探ったりする。例えば，患者の口から葬式をどうするかという死を暗示する話題が出ると，家族は必死になってその話題を避けようとする。家族のあわてふためく様子が，逆に，家族が隠しごとしていると確信させる結果になる。
　家族が上手に病名を隠し通していても，患者は自分の病気の予後が自然とわかってくるものでもある。しかも矛盾するようだが，患者は最後まで，生への執着を捨てないことを，十分，理解しておかねばならない。
　家族から相談があったら，上記のことを家族に伝えて，病名を隠し通すという重荷を家族一人で担ぐのではなく，間接的にではあるがソーシャルワーカーも一緒に担ぐ手伝いをするという保証を与える必要がある。具体的には，家族が相談したいという気持ちになった時には，ソーシャルワーカーが何時でも相談に乗るという保証を与えるのである。
　家族の辛い気持ちがわかり，相談に乗る人が病院の中にいることがわかる

と，それが気持ちの支えになって家族は自力で切り抜けることができる。

　ソーシャルワーカーの家族への援助には，三つの目的がある。

　一つは，患者と主治医との間にはさまって，精神的に困ってしまっている場合の対応である。家族には主治医から本当の病名と予後についての情報が伝えられている。一方，患者は自分の不安を家族にぶっつけてくる。家族はそれにどう応対したらいいか混乱してしまう。嘘をつき通すのは非常に辛いことである。本当のことを言ってしまうと，こちらは楽になるが患者はもっと辛い立場に追い込まれることが明らかである。家族は患者と主治医との間に立って心理的な葛藤が強くなる。また，家族も奇跡が起こることを心の片隅に抱いている。家族自身が心理的なサポートを必要としている状態に，ソーシャルワーカーとしてどう対応するかという問題である。

　この段階でのソーシャルワーカーは，いらぬお節介をしないということである。ソーシャルワークは心情的な善意をもとに展開するものではない。一定の方法論に根ざして運用するものである。患者に病名が告知されていない時には，最後まで隠し通すというのが大事になる。たとえ辛くても，患者が最期の時を迎えるまで家族に嘘をつくことを一貫してもらうしかない。ソーシャルワーカーの役割は，家族の苦しい気持ちを十分に吸収して，崩れそうになる家族の精神的な支えになることである。

　また，ケースワーク援助の実施に当たっては，バイステックの原則に沿って慎重に対応することが要求されることを銘記しなければならない。

　家族への第二の援助は，家族の心身的な疲労を減らすための調整作業である。ターミナル・ステージが長くなると，家族の介護時間が多くなる。専門的な介護は病院の看護スタッフによって充足されるが，家族が側にいてくれたほうが患者の精神衛生上にも有効であることと，末期の状態の時には，家族も患者の側にいたいということから家族が患者のベッドサイドにいる機会が多くなる。ベッドサイドでの泊まり込みでの生活は，非常な心身の疲労をもたらす。

　家族の人が交替で介護できればそれだけ疲労は少なくなるが，このローテーションがうまくいかなくて一人の人だけが患者につくことがある。家族の間で話し合いができそうであれば，話し合いの機会を作るのも一つの方法で

ある。もし，他の家族の協力が得にくい場合には，介護している家族が息抜きできる時間を，ナースと相談して協力を依頼するのも一つの方法になる。例えば，買い物のために外出する時間を設定したり，銭湯などで気分転換する機会を作ったりするのも疲労回復の有効な手段になることがある。

　第三の目的は，患者との対応の仕方についての，細かい指導である。

　核家族が定着した昨今では，病人を家で介護した経験がある人は少なくなった。また，病人の介護のノウ・ハウについてもよくわからないというのが普通である。からだを擦ってほしいと患者が希望しても，どう擦ったらいいかもよくわからず，かえって，患者をイライラさせる結果になってしまう場合がある。

　患者の見舞いに来た人と話をする時に，小声で話をすれば患者には聞こえないだろうと思って，病状のことをコソコソと話したりすることがある。あるいは，患者が眠っていると思って患者に知られたら困ることを話したりすることがある。ところが，自分の病状に敏感になっている患者は全身が神経になっていて，みんな聞いているのである。したがって，患者自身に関する話は病室の外でしなければならない。

　これらのことは，ソーシャルワークのソーシャル・スキルの課題とかかわりを持つ問題ということになる。この目的を十分に果たすために，ソーシャルワーカーはあらゆる機会を見つけて，ノウ・ハウを身につける必要がある。これらのことは，教科書などで学べるものではない。日常の体験の中で蓄えていかなければならない技法である。

　家族への援助の場合，原則的には，ソーシャルワーカーは家族に代わって患者に直接接触することをしない。死を迎える患者のケースワーク援助では，最後まで自分で患者の面倒をみて苦労はあったが，やるだけのことはやったという満足感を家族に持たせることが重要である。

〔家族の問題とケースワーク援助〕
1．死を迎える患者（dying patient）を抱えた不安
　　────→① 家族の不安を十分に吸収して，不安を軽減する。
　　　　　② 何時でも，相談したい時には窓口を空けて待っていると

　　　　　保証をする。
　　２．患者から病名・病気の予後をしつこく尋ねられて困っている場合
　　　───→① 家族の不安を十分に吸収して，不安を軽減する。
　　　　　② 具体的に患者への対応の仕方のノウ・ハウを伝達する。
　　　　　　例えば，1) 主治医と相談して，家族と一緒に，もう一度，説明してもらう。
　　　　　　　　　　2) 患者の話を避けずに，辛抱しながら十分に聞く。
　　　　　③ また困ることが起きたら，何時でも相談に来ていいと保証する。
　　３．患者から死につながる話題を持ち出されて，どう対処していいか困っている場合
　　　───→① 家族の不安を十分に吸収して，不安を軽減する。
　　　　　② 具体的に患者への対応の仕方のノウ・ハウを伝達する。
　　　　　　例えば，1) 患者の誘いに乗らないために，平静な態度で応対する。
　　　　　　　　　　2) 特別な話題としてではなく，普通の話題に対する態度で応対する。
　　　　　③ また困ることが起きたら，何時でも相談に来ていいと保証する。

　癌などの疾患でターミナル・ステージに至るまでには，急性の病変の場合もあるが，慢性の経過をたどっていたり，また，手術などの外科的処置によって多額の医療費を消費していることも少なくない。
　入院期間が長期化すると，諸雑費の支出も多くなる。
　理由の如何を問わず，人命の保全が至上目的として設定されているわが国では，延命のために医療の場でも濃厚治療が行われる。
　一方，病院という医療機関の利用のされ方も，キュアのための施設であると同時に，死の転帰に至るまでの施設としての利用が一般的に承認されるようになった。そのために家庭での人的負担は減少することになったが，金銭

的負担が避けられなくなった。末期の癌患者のために医学的ケアに主眼をおくホスピスという特殊な施設があるが、ここでも同じである。

家族への経済的負担は、実質的に増加する結果となる。

現在の段階では、死の転帰をたどる疾患についての国家的経済援助はない。したがって、国の制度としての医療保険と個人加入の生命保険、または個人的資産の活用しか方法がない。

経済的問題に対するソーシャルワーク援助は、一般入院の場合と大差ないので省略する。

18 ソーシャルワーク実施上の留意点

ソーシャルワーカーが、医療の臨床場面で注意しなければならないことについて、以下、少し述べる。

専門ソーシャルワーク

> 医療領域のソーシャルワーカーは、社会福祉施設のソーシャルワーカー（generic social worker）と異なり、ソーシャルワークの専門的知識と技能を用いて「医療の目的＝患者のホメオスターシスの援助」に協力する。

① すでに、人の幸せを妨げる要因（disease, delinquency, ignoranceなど）を改善する目的で、医学、法律学、教育学などを履修した医師、司法官、教師などが活動している分野に、ソーシャルワークの専門知識と技能を活用して協力する領域を専門ソーシャルワーク（specific social work）という。

② 医療機関には地域医療支援病院・特定機能病院の他に、老人病院・腎透析病院・リハビリテーション病院・ホスピス・精神病院などの専門病院があり、これらの病院には固有の機能的特殊性がある。

③　医療領域のソーシャルワーカーには，業務に当たる医療分野にかかわる基本的医学知識が要求される。
④　医療領域のソーシャルワーカーには，それぞれの病院の医療の目的に対応してどのようなソーシャルワークの知識と技能を駆使して協力できるかという課題が求められる。

> ソーシャルワーク援助に際して，ソーシャルワーカーは主治医と緊密な連絡をとり，独断的判断を避ける。

①　大学などの教育カリキュラムが，社会施設などのソーシャルワークのように，ソーシャルワーカーが主導権を担う一般ソーシャルワークに偏る傾向が認められるために，ソーシャルワーカーの中には医療分野にありながら主治医を無視する者がいる。
②　患者と面接をする際には，現在の身体的な状態はどれくらいの時間ならば話をしても差支えないかを主治医に確認する。
③　患者から病名，病状についての話題が出た時に，気をつけなければならないことを確認する。
④　患者に起こっている問題と援助内容は，情報としてカルテに記載する。
⑤　入院患者の場合には，病棟の管理責任者であるチーフナースの了解を得た後に患者と面接をする。
⑥　問題の内容に応じて，ベッド・サイドを面接の場にするか，特別な場所にするか，チーフナースと相談する。
⑦　患者と面接をする前に，カルテの診療記録と看護記録によく目を通す。

第三者的存在としてのソーシャルワーカー

> 患者にとって，ソーシャルワーカーは自分とは特別に関係がない第三者的存在である。

① 病院で治療を受けている患者にとって，直接かかわりがある人というのは医師と看護スタッフであり，コ・メデイカルズの中で，患者が医療関係者として認めるのは放射線技師・検査技師までである。
② 医師の中でも，身体疾患で治療を受けている患者にとっては，精神科医は自分とは関係がない第三者として見られている。
③ ソーシャルワーカーが治療関係の中に介入する時には，医師・看護スタッフから上手につないでもらう必要がある。
④ 患者に抵抗少なく受け入れてもらうには，患者が困っている具体的な問題の解決を手伝ってくれる専門家として紹介してもらうのが有効である。

この紹介の仕方は，患者との面接中に精神科医へのリエゾンが必要と判断される際にも，精神科医という名称を表面に出さず，例えば，不眠で困っている時に「不眠の治療の専門家」という形で応用すると患者の抵抗は少ない。

ケースワーク援助

> ケースワーク関係（casework relationship）は，親子関係・友人関係とは異なる専門的人間関係である。

① 善意もしくは情感にもとづく対応は，ケースワーク援助を妨げる。
② ケースワーク援助にとって「心情的同情」は禁物である。

> 面接によって知り得た秘密は，絶対に，守らなければならない。

① 原則として，面接で出てきた情報は，別の人との面接の際には絶対に使ってはならない。
② 秘密の情報を，別の人との面接に使う必要がある場合には，必ず，本人の了解を得た後でなければならない。

③ もし，本人の了解を得られない時には，了解を取ることができるまで，秘密を厳守する。
④ うかつに本人の秘密を漏らしてしまうと，以後のケースワーク関係が続けられなくなる。

患者・家族は不安状態に置かれていることを理解する。

---

① 不安があるからソーシャルワーカーに相談するのではあるが，実は，相談することそのものにも不安を抱いている。
② 当然，相談者はさまざまな心理的防衛機制（defensive mechanism）を使ってくる。
　ソーシャルワーカーは，防衛機制についての研究をして，きちんとした対応ができなければならない。
③ 問題内容が深刻な時には，複雑な防衛機制を使ってくる場合がある。例えば，最初に持ち出した問題が必ずしも真の問題とは限らない。

患者が寝たままの状態で，ベッド・サイドで話をする時には，必ず，眼の高さを同じようにそろえる。

---

① 話をする時には，ベッドの脇に立って相手を見下ろすような格好にならないようにする。
　患者の立場になると，相手から見下ろされる格好は不安定で心理的に落ち着けない。
② 枕元に椅子を持ってきて，ゆっくりと話を聞く姿勢をとるのがよい。
③ 時間的に余裕がないときでも，腰をかがめて患者に近づいて話をする。
④ 同時に，時間の都合をつけて改めてゆっくり面接の時間をつくることを保証する。

複数の問題がある時には，最も援助を必要とする問題から，順番に対応する。

① クライエントは相談に来ることについても，当然，心理的防衛が働いている。
② クライエントは防衛機制を使うので，たくさんの問題の中に一番大事な問題を混ぜていたり，時にはわざと隠していたりする。
　例えば，一応，相談が終わって退出する際に，ついでという形で最も大事な問題を持ち出したり，いったん部屋を出かかって，そこに立ったまま大事な問題を持ち出したりすることもある。
③ 問題志向方式（problem oriented system，POS）[12]の習得は，問題援助に有効である。

ソーシャルワーカーの価値観で相手を判断したり，価値観を押し付けてはならない。

---

① クライエントは，それぞれ固有の生活様式・ものの考え方を持っている。
② 先入観に囚われると判断を誤る。

クライエントに代わってする「代行行為」をしない。

---

① 代わって「してあげる」ことは援助する人の自己満足になり，クライエントの自主性・主体性を否定することである。
② 代行することで問題の解決は早くなっても，逆に，クライエントに依存心を植えつける結果になる。
③ 緊急避難措置の時以外は，ケースワーク援助計画にもとづいて時間をかける柔軟な対応が必要である。

身体疾患で治療を受けている患者の中には，精神疾患の患者，神経症の患者もいる。

① 精神病（psychosis）と神経症（neurosis）は連続しない全く別な疾患であるが，症状はほとんど同じである。
② 実際の臨床場面では，病名がついていない精神病患者，神経症患者と出会うことも少なくないので，疾患についての基礎知識を身につけておく必要がある。
③ 精神疾患についての知識不足の結果，心理学を履修したカウンセラーや社会福祉学を履修したソーシャルワーカーが対応を間違えて症状を悪化させたという報告がある。
④ 精神症状を示す患者に対応する時には，精神科医のコンサルテーションを受ける。

> 患者から「自分の病名が何であるか」と尋ねられた時に，ソーシャルワーカーは安易に病名を告げてはならない。

① 医師が患者に病名を告げていない時には，医師としての総合的な判断のもとにわざと告知していないのである。
② 患者がわざわざ病名を話題とする時には，癌などの治療が困難な病気で，主治医が意図的に病名告知を避けている場合である。
③ ソーシャルワーカーは，ケースワークの技法を駆使して患者の不安を軽減する方策を考える。
④ 病気については，主治医から患者が納得するように再説明を依頼する。
⑤ ソーシャルワーカーが不安になり，自分の不安を逃れたいばかりに病名を言ってしまうようなことは絶対にしてはならない。

専門用語

> 専門用語（technical term）としての医学用語，医療用語は一般の人にとっては難解なものが非常に多い。

① 医師の説明は専門用語を使って正確に説明しようとした結果，逆に，患者・家族を混乱させてしまうことがある。
② 主治医の説明を聞いたにもかかわらず患者・家族が不安になっている時には，説明内容を本人の言葉で話させてみる。
③ 説明が理解できなくて不安になっている時には，主治医と連絡をとり，やさしい言い方でもう一度，再説明してもらう。
④ 専門用語をそのまま使うのではなく，わかりやすい言い方で言い換えができるように，ソーシャルワーカーは常日頃から工夫しておく必要がある。
⑤ 横文字や横文字の略語は，患者・家族への説明の際にはできるだけ使わない。

> 同じように，社会福祉用語や法律用語も，専門的知識がなければ誤解のもとになることがある。

① ソーシャルワーカー同士で使う専門用語の略語などは，外部の人を相手にして話すときには使わないようにする。
② 専門家としてのソーシャルワーカーは法律の拡大解釈をしてはならない。

他機関などへの紹介状

> 問題の解決援助のために他機関・他施設に送致（referral）する時の紹介状もしくは添書は，受理する側に役立つ情報を記載する。

① 善意で「してあげる」のがケースワークであると考えているソーシャルワーカーは，しばしば気の毒という思いが先立って，クライエントの情報だけを主観的に記述することがある。
② 機関などでの適用の可否はその機関の基準にもとづいて決定するので

あるから，主観的な情報は役には立たない。
③　生活保護法の新規申請手続きの際に，福祉事務所で病院のソーシャルワーカーから，とりあえず得たいと思っている情報は，
〈どのような病気（病名）なのか〉
〈どれくらいの期間治療が必要か〉
〈どれくらいの費用を要するか〉
といったものである。
④　正式な手続きの段階に入ると，福祉事務所は所定の様式による文書(診療要否意見書など)によって，主治医の意見を求めてくる。
⑤　老人ホーム，身体障害者施設などの収容施設で知りたいと思う情報は，障害の程度・家族の協力状況など，入所した後に役立つ情報である。
⑥　病状については医師の医証，介護上の注意点については看護婦の添書を同封するのがよい。

入所施設の選択

老人ホーム・身体障害者施設などの入所施設への入所を斡旋する際は，本人・家族が自分の目で確かめたうえで，自分の気に入った所を選択できるように援助する。

---

①　入所施設は福祉事務所の管理下にあり，施設名簿は福祉事務所にある。
②　入所施設は，半永久的にそこで生活をする場所であるので，本人とよく話しあって，適当と思われる範囲の数箇所の施設を福祉事務所で紹介してもらい，本人が納得できる施設を自分で選択するように援助する。
③　各施設にそれぞれ特徴がある。本人に選んでもらわないと不満だけが残る場合がある。

業務日誌

> 日々のソーシャルワーク援助の内容は，一定の業務日誌に記載する。

① 日誌の形式は自由であるが，毎日の取扱いケースの概要を記載するために，次の項目が必要である。
  1) 患者氏名
  2) 病名
  3) 診療科名（単科病院の場合は不要）
  4) 医療保険などの支払区分
  5) 入院および外来別
  6) 新ケースまたは継続ケース別
  7) 新ケースの場合の紹介者
  8) 問題の種類および問題の具体的概要
  9) 援助の種類および援助の具体的概要
② 業務日誌は毎月の取扱いケースの統計的整理に役に立つように，病院の規模・特徴に合わせて工夫する。

ソーシャルワーク記録

> ケースワーク援助・グループワーク援助の内容を記録する目的で，所定の記録用紙を作り，援助の経過を記載する。

① ソーシャルワーク記録はフェイス・シート（一号紙）と経過記録（二号紙）で構成される。
② フェイス・シートに記載される項目は，次のものである。
  Ⅰ．1) 患者氏名

- 2) 性別
- 3) 生年月日
- 4) 年齢
- 5) 住所
- 6) 医療保険などの支払区分
- 7) 家族構成

II.
- 1) 援助依頼紹介者
- 2) 依頼の内容

III.
- 1) 外来カルテ番号
- 2) 主治医名
- 3) 診療科名
- 4) 病名および初診年月日
- 5) 現病歴
- 6) 既往歴
- 7) 生育歴および生活歴

IV.
- 1) 病棟名
- 2) 入院年月日
- 3) 退院年月日

V.
- 1) 社会診断分類
- 2) 援助内容分類

③ レコーディング・シート（二号紙）はカルテの二号用紙などを利用して，援助経過を記録していく。

④ 援助記録は，POS 記録法を導入すれば，援助内容の再検討・再評価について有効である。

なお，POS 記録は病棟の医師・看護婦も採用している。

付　録
===

医療ソーシャルワーカー業務指針

厚生省健康政策局
医療ソーシャルワーカー業務指針検討会

1. 趣　　旨

　長寿社会の到来，疾病構造の変化，一般的な国民生活水準の向上や意識の変化に伴い，国民の医療ニーズは高度化，多様化してきている。また，科学技術の進歩により，医療技術も，ますます高度化し，専門化している。このような医療をめぐる環境の変化を踏まえ，日常的な健康管理や積極的な健康増進，疾病予防，治療，リハビリテーションに至る包括的，継続的医療の必要性が指摘されるとともに，高度化し，専門化する医療の中で患者や家族の不安感を除去する等心理的問題の解決を援助するサービスが求められている。さらに，老人や精神障害者，難病患者等が，疾病をもちながらもできる限り地域や家庭において自立した生活を送るためには，医療・保健・福祉のそれぞれのサービスが十分な連係の下に，総合的に提供されることが重要である。

　このような状況の下，保健医療の場において患者のかかえる経済的，心理的・社会的問題の解決，調整を援助し，社会復帰の促進を図る医療ソーシャルワーカーの果たす役割に対する期待は，ますます大きくなってきている。

　しかしながら，医療ソーシャルワーカーは，病院等において，他の職種が対応しきれない相談業務をいわばよろず相談的に引き受けて行っていることから，その範囲が必ずしも明確とはいえないきらいがあること，上述のような新しい医療の流れを踏まえて保健医療の場において患者に対しソーシャルワークを行う場合の方法について，十分確立していない面があること，医療関係者や患者等からの理解も十分でないこと等の問題があり，このような期待に，必ずしも応えきれているとはいい難い。

　この業務基準は，このような実情に鑑み，従来，精神科ソーシャルワーカーと呼ばれてきた者も含め，医療ソーシャルワーカー全体の業務の範囲，方法等について指針を定め，資質の向上を図るとともに，医療ソーシャルワーカーが専門性を十分発揮し業務を適正に執行することができるよう，関係者の理解の促進に資することを目的とするものである。総合病院，精神病院，老人病院等の病院を始めとし，老人保健施設，精神障害者社会復帰施設，保健所，精神保健センター等様々な保健医療機関に設置されている医療ソーシャルワーカーについて標準的業務を定めたものであるので，実際の業務を行うに当たっては，それぞれの機関の特性や実情に応じ

た業務のウェート付けを行うべきことはもちろんであり，また，学生の実習への協力等指針に盛り込まれていない業務を行うことを妨げるものではない。

2. 業務の範囲

医療ソーシャルワーカーは，病院等において管理者の監督の下に次のような業務を行う。

(1) 経済的問題の解決，調整援助

入院，入院外を問わず，患者が医療費，生活費に困っている場合に，保険，福祉等関係諸制度を活用できるように援助する。

(2) 療養中の心理的・社会的問題の解決，調整援助

入院，入院外を問わず，生活と障害の状況から生ずる心理的・社会的問題の予防や早期の対応を行うためこれらの諸問題を予測し，相談に応じ，次のような解決・調整に必要な援助を行う。

① 受診や入院，在宅医療に伴う不安等の問題の解決を援助すること。
② 患者が安心して療養できるように療養中の家事，育児，教育，職業等の問題の解決を援助すること。
③ 老人等の在宅療養環境を整備するため，在宅ケア諸サービスについての情報を整備し，関係機関，関係職種等との連係の下に患者の生活と傷病の状況に応じたサービスの活用を援助すること。
④ 傷病や療養に伴って生じる家族関係の葛藤に対応し，家族関係の調整を援助すること。
⑤ 患者同士や職員との人間関係の調整を援助すること。
⑥ 学校，職場，近隣等地域での人間関係の調整を援助すること。
⑦ がん，エイズ，難病等傷病の受容が困難な場合に，その問題の解決を援助すること。
⑧ 患者の死による家族の精神的苦痛の軽減・克服，生活の再設計を援助すること。
⑨ 療養中の患者や家族の心理的・社会的問題の解決援助のために家族会等を指導，育成すること。

(3) 受診・受療援助

入院・入院外を問わず，次のような受診・受療の援助を行う。

① 生活と傷病の状況に適切に対応した医療の受け方について援助すること。

②　診断・治療を拒否するなど医師等の医療上の指導を受け入れない場合に，その理由となっている心理的・社会的問題について情報を収集し，問題の解決を援助すること。
③　診断，治療内容に関する不安がある場合に，患者，家族の心理的・社会的状況を踏まえて，その理解を援助すること。
④　心理的・社会的原因で症状の出る患者について情報を収集し，医師等へ提供するとともに，人間関係の調整，社会資源の活用等による問題の解決を援助すること。
⑤　入退院・入退所の判定に関する委員会が設けられている場合には，これに参加し，経済的，心理的・社会的観点から必要な情報の提供を行うこと。
⑥　その他診療に参考となる情報を収集し，医師，看護婦等へ提供すること。
⑦　デイ・ケア等の指導，集団療法のための断酒会等の指導，育成を行うこと。

(4) 退院（社会復帰）

生活と傷病や障害の状況から退院・退所に伴い生じる経済的，心理的・社会的問題の予防や早期の対応を行うため，これらの諸問題を予測し，相談に応じ，次のような解決，調整に必要な援助を行う。

①　転院のための医療機関，退院・退所後の社会福祉施設等の選定を援助すること。
②　在宅ケア諸サービスについての情報を整備し，関係機関，関係職種等との連係の下に退院・退所する患者の生活と傷病と障害の状況に応じたサービスの活用を援助すること。
③　住居の確保，傷病や障害に適した改造等住居問題の解決を援助すること。
④　復職，復学を援助すること。
⑤　転院，在宅医療等に伴う患者，家族の不安等の問題の解決を援助すること。
⑥　関係機関，関係職種との連係や訪問活動により，社会復帰が円滑に進むように転院，退院後の心理的・社会的問題の解決を援助すること。

(5) 地域活動

関係機関，関係職種等と連係し，地域の保健医療福祉システムづくりに次のような参画を行う。

①　他の保健医療機関，市町村等と連係して地域の患者会，家族会，断酒会等を指導，育成すること。
②　他の保健医療機関，福祉関係機関等と連係し，保健・医療に係る地域のボランティアを指導，育成すること。

③　保健所保健・福祉サービス調整推進会議，市町村高齢者サービス調整チーム等を通じて保健医療の場から患者の在宅ケアを支援し，地域ケア・システムづくりへ参画すること。
　④　関係機関，関係職種等と連係し，老人，精神障害者等の在宅ケアや社会復帰について地域の理解を求め，普及を進めること。

3．業務の方法

　保健医療の場において患者やその家族を対象としてソーシャルワークを行う場合に採るべき方法は次のとおりである。
(1)　患者の主体性の尊重
　保健医療の場においては，患者が自らの健康を自らが守ろうとする主体性をもって予防や治療及び社会福祉に取り組むことが重要である。したがって，次の点に留意することが必要である。
　①　業務に当たっては，傷病に加えて経済的，心理的・社会的問題を抱えた患者が，適切に自己決定ができるよう，患者自身の状況把握や問題整理を援助し，解決方策の選択肢の提示等を行うこと。
　②　問題解決の代行等は，必要に限るものとし，患者の主体性を損なわないようにすること。
(2)　プライバシーの尊重
　一般に，保健医療の場においては，患者の傷病に関する個人情報に係わるので，プライバシーの尊重は当然とされているものであるが，医療ソーシャルワーカーは傷病に関する情報に加えて，経済的，心理的，社会的な個人情報にも係わること，また，援助のために患者以外の第三者との連絡調整等を行うことから，次の点に特に留意することが必要である。
　①　個人情報の収集は援助に必要な範囲に限ること。
　②　面接や電話は，独立した相談室で行う等第三者に内容が聞こえないようにすること。
　③　記録等は，個人情報を第三者が了解なく入手できないように保管すること。
　④　第三者との連絡調整を行うために本人の状況を説明する場合も含め，本人の了解なしに個人情報を漏らさないようにすること。
　⑤　第三者からの情報の収集自体がその第三者に患者の個人情報を把握させてしまうこともあるので充分留意すること。

⑥　患者からの求めがあった場合には，できる限り患者についての情報を説明すること。ただし，医療に関する情報については，説明の可否を含め，医師の指示を受けること。
(3) 他の保健医療スタッフとの連係

　保健医療の場においては，患者に対しさまざまな職種の者が，病院内あるいは地域において，チームを組んで関わっており，また，患者の経済的，社会的・心理的問題と傷病の状況が密接に関連していることも多いので，医師の医学的判断を踏まえ，また，他の保健医療スタッフと常に連係を密にすることが重要である。したがって，次の点に留意が必要である。

①　他の保健医療スタッフからの依頼や情報により，医療ソーシャルワーカーが係わるべきケースについて把握すること。
②　対象患者について，他の保健医療スタッフから傷病や治療の状況等必要な情報を得るとともに，診療や看護，保健指導等に参考となる経済的，心理的・社会的側面の情報を提供する等情報や意見の交換をすること。
③　ケース・カンファレンスや入退院・入退所の判定に関する委員会が設けられている場合にはこれへの参加等により，他の保健医療スタッフと共同で検討するとともに，保健医療状況についての一般的な理解を深めること。
④　必要に応じ，他の保健医療スタッフと共同で業務を行うこと。

(4) 受診・受療援助と医師の指示

　医療ソーシャルワーカーが業務を行うに当たっては，(3)で述べたとおり，医師の医学的判断を踏まえ，また，他の保健医療スタッフとの連係を密にすることが重要であるが，なかでも2の(3)に掲げる受診・受療援助は，医療と特に密接な関連があるので，医師の指示を受けて行うことが必要である。特に，次の点に留意が必要である。

①　医師からの指示により援助を行う場合はもとより，患者・家族から直接受診・受療等についての相談を受けた場合及び医療ソーシャルワーカーが自分で問題を発見した場合等も，医師に相談し，医師の指示を受けて援助を行うこと。
②　受診・受療援助等の過程においても，適宜医師に報告し，指示を受けること。
③　医師の指示を受けるに際して，必要に応じ，経済的，心理的・社会的観点から意見を述べること。

(5) 問題の予測と計画的対応

①　実際に問題が生じ，相談を受けてから業務を開始するのではなく，生活と傷病の状況から生ずる問題を予測し，予防的，計画的な対応を行うこと。
②　特に退院（社会復帰）援助には時間を要するものが多いので入院，受療開始のできるかぎり早い時期から問題を予測し，病院内あるいは地域の保健医療スタッフ，社会福祉士等との連係の下に，計画的，継続的な対応を行うこと。
(6) 記録の作成等
①　問題点を明確にし，専門的援助を行うために患者ごとに記録を作成すること。
②　記録をもとに医師等への報告，連絡を行うとともに，必要に応じ，在宅ケア，社会復帰の支援等のため，地域の関係諸機関，保健婦，社会福祉士等への情報提供を行うこと。
③　記録をもとに，業務分析，業務評価を行うこと。

4．その他

医療ソーシャルワーカーがその業務を適切に果たすために，次のような環境整備が望まれる。

(1) 組織上の位置付け

規模等にもよるが，できれば組織内に医療ソーシャルワークの部門を設けることが望ましいこと。医療ソーシャルワークの部門を設けられない場合には，診療部，地域医療部，保健指導部等他の保健医療スタッフと連携を取りやすい部門に位置付けることが望ましいこと。やむをえず，事務部門に位置付ける場合には，診療部門等の諸会議のメンバーにする等日常的に他の保健医療スタッフと連携を採れるような位置付けを行うこと。

(2) 患者・家族からの理解

病院案内パンフレット，院内掲示等により医療ソーシャルワーカーの存在，業務，利用のしかた等について患者，家族等からの理解を得るように努め，患者，家族が必要に応じ安心して適切にサービスを利用できるようにすること。

(3) 研修等

医療・保健・福祉をめぐる諸制度の変化，諸科学の進歩に対応した業務の適正な遂行，その向上を図るため，研修及び調査，研究を行うこと。

文　　献

第一部
1) Richmond, M. E., *What is Social Case Work ?* New York : Russel Sage Foundation, 1922.
2) Bowers, S., "The Nature and Definition of Social Casework", Kasius Cora (Ed.), *Principles and Techniques in Social Casework, Selected Articles, 1940-1950*. New York : Family Service of America, 1962.
3) Biestek, F. P., *The Casework Relationship*. London : Loyola University Press., 1957.（尾崎新・福田俊子・原田和幸訳『ケースワークの原則』［新訳版］誠信書房, 1996.）
4) アミタイ・エツィオーニ, 渡瀬浩訳『現代組織論』現代社会学入門2, 至誠堂, 1967.
5) 竹内愛二『専門社会事業研究』弘文堂, 1959.

第二部
6) Cannon, Walter B., *Wisdom of the Body*. London : Kegan Paul Trench, Trubner and Company Ltd., 1932（舘鄰・舘澄江訳『からだの知恵——この不思議なはたらき』講談社学術文庫, 1981.）
7) Weiss, Edward, & English, O. Spurgeon, *Psychosomatic Medicine*. Philadelphia : W. B. Saunders, 1949.

第四部
8) 土居健郎『「甘え」の構造』弘文堂, 1971.
9) 中根千枝『タテ社会の人間関係』講談社現代新書, 1967.
10) 上田敏『目でみるリハビリテーション医学』武田薬品工業, 1969.
11) ホフマン, N. & フレーゼ, M., 京都国際社会福祉センター訳『行動療法の理論と演習』ルガール社, 1978.
12) Wilma M. Martens & Elizabeth Holpstrup, "Problem-oriented recording", *Social Casework*, Nov. 1974.

あとがき

　三十数年の経験をもとに本書を書き下ろした。読み返してみると決して十分なものではなく，いささかがっかりしている。隔靴掻痒とはこのことである。

　元来，医療の分野でのソーシャルワークの中身は医師が経験的にやってきていたことで「医は仁術」の仁はソーシャルワークのイメージと重なる。小説に出てくる「赤ひげ」医師，テレビでお馴染みの小石川養生所の医師がやっていることは，医療ソーシャルワークの原形と言って差支えない。

　ただ，社会情勢の複雑多岐な変化にともなって経験だけでは対応できなくなり，専門知識と専門技法を駆使した専門性が求められるようになってきた。ソーシャルワーカーがこの期待に応えるには，それなりの準備と確固たる方法論を身に付けることが必要になる。

　医療分野でのソーシャルワークは，文科系の教育機関で学んだソーシャルワーカーが，理科系の教育を受けた人達が活躍する職場でソーシャルワーク業務に従事するのである。勉強しなければならないことが非常に多い。しかも，大学などの教育施設の現状は，残念ながらこの期待に応える体制にはほど遠い。

　医師がソーシャルワーク的なことをやっていた頃は，医学知識はお手の物であった。しかし，ソーシャルワーカーが医療の分野でソーシャルワークを行う際には多くの問題が残る。これは医療の分野でのソーシャルワークの課題の一つになる。

　この本は，ソーシャルワーカーが医師などの理科系の人達と肩を並べて仕事ができる足がかりになることを目標にした。そこで，わざと日本語訳をつけない原文のままを引用した。調理済みの食品を冷凍して，電子レンジのスイッチをいれると簡単に食卓に並べられる安直な生活文化に右をならえすることをわざと避けた。この程度の欧文は辞書片手にでも頑張ることから，本格的な医療分野のソーシャルワークは出発しなければならないと考えている。

また，ソーシャルワーカーとかケースワーカーとか名乗っている者が，クライエントの対応技法としてのケースワークすら十分に理解し，消化しきっていないという現状は，考えただけでも寒気がする。もし，ここに書いたことを出発点として理解してもらえれば，それなりに意味があるだろう。
　忙しい方は，囲みの部分と第四部の18節「ソーシャルワーク実施上の留意点」を先に見ていただくだけでも，臨床的には多少の役に立つだろうと思う。
　本書が今後の医療分野のソーシャルワークの発展と定着の一助になれば幸いである。

　1991年10月

　　　　　　　　　　　　　　　　　　　　　　　　　著　者

索 引

ケースワーク援助要点索引

一般的知識
- 医療法による「診療科名」 24
- 疾患の国際分類 26
- APA（アメリカ精神医学会）の精神疾患分類
  - 心身症 30
  - 神経症 31
  - 精神病 32

医療ソーシャルワーク一般
- ソーシャルワーカーが働く医療分野 55
- ソーシャルワーク援助の際の注意事項 57
- ソーシャルワーカーに求められる役割 58
- 精神科領域の疾患 61
- 精神科領域のソーシャルワーカーの役割 62
- 老人の身体的特徴 64
- 老人病院領域のソーシャルワーカーの役割 65

法的社会資源
- 社会保険の種類 66
- 医療事故に対応する社会保険 68
- 障害事故に対応する社会保険 68
- 社会福祉関係法 79,80
- 生活保護法申請前の検討事項 82
- 生活保護法申請手続きの手順 83
- 生活保護法申請の際に役に立つ情報 83
- 生活保護法に関する相談・申請手続きの窓口 84
- 育成医療の対象疾患 85
- 児童福祉法関係の相談・申請窓口 86
- 養育医療の対象 87
- 特定疾患病名 89
- 法制度利用援助の留意点 93

ケースワーク援助
- 第三者介入の手順 99
- ソーシャルワーカーが取扱い対象とする社会的要因 101
- 面接の原則「秘密を絶対に守る」 105
- 面接の原則「問題は一つ一つ違う顔を持っている」 107
- 面接の原則「感情のカタルシスの場を設定する」 108
- 面接の原則「クライエントとの間に心理的距離を置く」 111
- 面接の原則「相手の話によく耳を傾け，理解する」 112
- 面接の原則「一般的価値基準を押し付けない」 114
- 面接の原則「クライエント自身に決めさせる」 118
- キィ・パーソンを選ぶポイント 146

治療段階別ケースワーク援助
- 外来治療段階
  - 経済的問題とケースワーク援助 120
  - 単身者問題・家族間トラブルとケースワーク援助 120
  - 知的水準の問題とケースワーク援助 124
  - 性格的問題とケースワーク援助 125
  - 苦情の申出とケースワーク援助 126
  - ノン・ボランタリー患者からの情報収集 130
- 入院治療段階
  - 入院治療の目的 131
  - 入院段階の経済的問題とケースワーク援助 136
- 緊急疾患による入院
  - 緊急入院の問題点とケースワーク援助 138

キュア≦ケアが主となる入院
〔一般的疾患〕
  患者を取り巻く不安とケースワーク
    援助　　　　　　　　　　　140
  現実的な問題にかかわる不安とケー
    スワーク援助　　　　　　　142
  疾病利得患者への対応　　　　143
  患者 - 家族関係問題とケースワーク
    援助　　　　　　　　　　　145
  患者 - 医師関係問題とケースワーク
    援助　　　　　　　　　　　148
  患者 - 看護スタッフ関係問題とケー
    スワーク援助　　　　　　　152
  患者同士の問題とケースワーク援助
    　　　　　　　　　　　　　153
〔リハビリテーションを伴う入院〕
  個人的問題とケースワーク援助　160
  経済的問題とケースワーク援助　161
  家族的問題とケースワーク援助　162

  社会生活への再適応時の問題とケー
    スワーク援助　　　　　　　167
キュア≦ケアが主となる入院
〔身体的慢性疾患〕
  経済的問題とケースワーク援助　171
  個人的問題に対応する病棟スタッフ
    へのコンサルテーション　　173
  家族的問題とケースワーク援助　175
〔精神的慢性疾患〕
  経済的問題とケースワーク援助　177
  家族的問題とケースワーク援助　179
  個人的問題とケースワーク援助　180
  一般社会への復帰の問題とケース
    ワーク援助　　　　　　　　182
  PSW の課題　　　　　　　　183
〔ターミナル・ステージ期〕
  患者の不安とケースワーク援助　188
  家族の問題とケースワーク援助　191

索　引

あ行

- 悪性新生物　36
- 悪性腫瘍　57
- アプリカント（applicant）　82, 99
- アプリケーション（application）　82
- アルコール中毒症　37
- 育成医療　84
- 意識障害　35, 172
- 五つの巨人（want, disease, squalor, ignorance, idleness）　2
- 一般職業（occupation）　11
- 一般ソーシャルワーカー（generic social worker）　50
- 一般ソーシャルワーク（generic social work）　8, 45, 47
- 一般病院（general hospital）　56, 57
- 医療過誤　157, 160
- 医療社会事業　51, 89
- 医療ソーシャルワーカー　50
- 医療福祉士　52
- 医療法　23
- 医療保険　69
- 陰性転移　109
- インテーク面接（intake interview）　58, 126
- ST（言語聴覚士）　20, 166
- エディパル期（oedipal phase）　115, 116
- MSW（一般診療科のソーシャルワーカー）　183
- OT（作業療法士）　20, 166, 167
- 応用社会学　44
- 応用社会学としての社会福祉学　46

か行

- 介護福祉士法　49
- 介護保険　67
- 概念・用語のすり替え　40
- 解離反応（dissociative reaction, 解離神経症）　31
- カウンセリング（counseling）　7, 43, 45, 48
- 各種共済組合　67
- 覚醒剤中毒症　37
- 過剰同一化　13, 110, 111, 135
- 家族会　62
- 家族の身体的疲労　175
- 家族の精神的疲労　175
- カタルシス（catharsis）　107, 108
- 家庭内人間関係のトラブル　174
- 家庭内役割　174
- 家庭復帰　167
- 寛解（remission）　56, 62, 169
- 環境調整（environmental manipulation）　6
- 完全寛解　56
- 完全治癒　56
- キィ・パーソン（key person）　121, 145, 146, 168
- 器質性精神障害　36
- 基礎社会学　44, 46
- 基礎的な社会集団　44
- 逆転移（counter transference）　110, 111
- キュア（cure）　18, 55
- 教育分析　110
- 矯正情動体験（corrective emotional experience）　114
- 強迫反応（obsessive-compulsive reaction, 強迫神経症）　31, 32
- 恐怖反応（phobic reaction, 恐怖神経症）　31
- 業務独占　10
- 業務日誌　200
- 緊急疾患による入院　136

苦情	125	コ・メディカルズ（co-medicals）	
クライエント（client，要援助者）	6, 8		19, 20, 52, 100
クリーン・ベッド	170	コ・メディカルズの教育	21
グループワーク（social group work）		コ・メディカル・テクニシャンズ	
	179	（co-medical technicians）	20, 60
ケア（care）	18, 19, 55, 56	コ・メディカル・プロフェッショナルズ	
ケースワーカー	97, 128	（co-medical professionals）	20, 58
ケースワーク（social casework）	5, 45	雇用保険	67
ケースワーク援助	195	コンサルテーション（consultation）	
ケースワーク関係			35, 99, 125, 198
（casework relationship）	195	コンサルテーション・リエゾン精神医学	
ケースワークしないケースワーカー	7	（consultation-liaison psychiatry）	
結核予防法	91, 135		28, 29, 59
欠損治癒	56		
健康保険	66, 69	**さ　行**	
言語聴覚士（speech therapist, ST）	20		
抗うつ剤（感情調整剤）	61	再建療法（reconstructive therapies）	6
高額療養費貸付制度	134	作業療法士（occupational therapist, OT）	
高額療養費制度	134		20
広義の社会福祉	47	幸せを妨げる要因	2
公共医療事業（medical social work）		自己決定（self determination）	118, 165
	51, 89	支持的アプローチ	6
公衆衛生関係法	89	支持療法（supportive therapies）	6
口唇期（oral phase）	115	指示を守らない患者	173
更生医療	88	自殺念慮	61
厚生省健康政策局	9	慈善事業（charity）	13
厚生省社会・援護局	9	慈善組織協会（Charity Organization	
向精神薬	61, 96	Society，COS）	6
厚生年金保険	66, 75	疾患の国際分類（IDC）	26
厚生年金保険・国民年金の障害給付	77	疾病利得	142, 143
行動主義理論	6	児童手当法	80
抗不安剤	61	児童福祉法	80, 84
合目的的な社会集団	44	児童扶養手当法	80
肛門期（anal phase）	115, 116	死に対する不安	187
行路病者	137	社会科学	40
国民健康保険	66, 71	社会学（sociology）	44
国民年金	67, 76	社会施設のソーシャルワーカー	
個人主義（individualism）	41	（generic social worker）	193
個人的特性	122	社会診断（social diagnosis）	126
個人的能力（capacities in the individual）		社会生活訓練（social skills training）	62
の活用	5	社会政策（social policy）	40
国家公務員等共済組合	67	社会的処遇（social treatment）	127
コミュニティワーク	5, 182	社会的適応不全	180
		社会福祉（social welfare）	2

社会福祉，技法（art）	4
社会福祉，狭義のとらえ方	3
社会福祉，広義のとらえ方	2
社会福祉，方法論（methodology）	4
社会福祉，理念（philosophy）	4
社会福祉学	43, 44
社会福祉関係法	79
社会福祉士	9, 49, 52
社会福祉事業法	7, 80
社会福祉士法	49
社会福祉主事	7
社会福祉論	43, 44
社会保険	66
社会保障関係法	66
社会保障制度	48
社会保障制度に関する勧告	3
周囲にある社会的資源（resouces in the community）	6
自由主義（liberalism）	41, 42
自由連想法（free association）	109
受容（acceptance）	112
障害年金の受給資格	171
情動（emotion）	114
情動反応（affective reaction，躁うつ病）	32, 33
情報提供	127
食事療法	17
職場復帰	168
私立学校教職員共済組合	67
死を迎える患者（dying patient）	187
心因反応	59
神経遮断剤	61, 96
神経症（neurosis）	31, 36, 197
新興宗教	179
心身医学（psychosomatic medicine）	27, 45
心身症（psychosomatic disorders, psychosomatic disease）	29, 30, 36, 37
身心症（somatopsychic disorders）	36
心身障害者対策基本法	80
心臓神経症	123
身体言語（body language）	108
身体障害者福祉法	80, 88
人格異常（personality disorders）	34
腎透析病院	56, 59
新フロイト派（neo-Freudian）	6
新フロイト派，ユング派（Jungian）	6
新フロイト派，ランク派（Rankian）	6
心理的過剰防衛	181
診療科名	24
診療協力技術職（co-medical technicians）	20
診療協力職（co-medicals）	19, 20
診療協力専門職（co-medical professionals）	20, 183
診療協力部門	19, 20
診療所	23
心療内科	24
診療補助職種（para-medicals）	19
スーパービジョン（supervision）	14, 110
生活保護法	80
生活保護法，他法優先	81, 134, 172
政策論	40
政策論者	42
政策論派	40, 41, 42, 44, 48
政策論派の限界	41
精神医学（psychiatry）	45
精神医学ソーシャルワーク（psychiatric social work, PSW）	60
精神生理的胃腸反応（psychophysiologic gastrointestinal reaction）	30
精神生理的筋骨格反応（psychophysiologic musculoskeletal reaction）	30
精神生理的血液・リンパ管系反応（psychophysiologic hemic and limphatic reaction）	30
精神生理的呼吸器反応（psychophysiologic respiratory reaction）	30
精神生理的自律神経・内臓障害（心身症）（psychophysiologic autonomic visceral disorders）	30
精神生理的神経組織反応（psychophysiologic nervous	

system reaction)	30	ソーシャル・アクション	42
精神生理的心臓脈管系反応		ソーシャル・スキル・トレーニング	
（psychophysiologic cardiovascular reaction）	30	（social skills training）	142, 180
精神生理的生殖・泌尿器反応		ソーシャルワーカーの基本条件	13
（psychophysiologic genito-urinary reaction）	30	ソーシャルワーク（social work）	4
		ソーシャルワーク，間接技法	5
精神生理的内分泌反応		ソーシャルワーク，機能主義派	
（psychophysiologic endcrine reaction）	30	（functional, Rankian）	6
		ソーシャルワーク，診断主義派	
精神生理的皮膚反応		（diagnostic, Freudian）	6
（psychophysiologic skin reaction）	30	ソーシャルワーク，第一次分野	8
精神発達障害	36	ソーシャルワーク，第二次分野	8
精神発達遅滞児	34	ソーシャルワーク，直接技法	4
精神病（psychotic disorders）	32	ソーシャルワーク，ニューヨーク学派	
精神病院	56	（New York school）	6
精神病質（psychopath）	37	ソーシャルワーク，ペンシルバニア学派	
精神病理学	119	（Pennsylvania school）	6
精神病理的疾患	117	ソーシャルワーク記録	201
精神分析（psycho-analysis）	6, 45	ソーシャルワークの分野	8
精神分裂反応（schizophrenic reaction）		ソーシャルワークの理論的枠組	
	32	（theoretical framework）	6
精神分裂病（schizophrenia, 精神分裂症）		**た　行**	
	33, 61, 176	ターミナル・ケア（terminal care）	19
精神保健及び精神障害者福祉に関する法律		ターミナル・ステージ（terminal stage）	
	90		184
精神療法（psycho-therapy）	6, 45	退行（regression）	150
船員保険	67, 72	代行行為	197
全体主義（totalitarism）	41, 42	第三者介入	98
せん妄	35	第三者的存在としてのソーシャルワーカー	
専門職業（profession）	11		96, 148, 194
専門職業の特徴	11	他機関などへの紹介状	199
専門ソーシャルワーク		他法優先	81
（specific social work）	8, 45, 193	地域医療支援病院	23
専門的人間関係	195	地域社会	182
専門病院	59	チームワーク	18, 22
専門用語（technical term）	198	知的障害	34, 36
躁うつ病（manic-depressive reaction）		知的障害児	34
	176	知的障害者福祉法	80, 88
総合医学（comprehensive medicine）	27	知的水準	122, 123, 124
相談者（applicant）	82	痴呆	37
相談申請（application）	82	地方公務員等共済組合	67
送致（referral）	199	治癒（cure）	19, 56

転移 (transference)	109	病院	23
てんかん (epilepsy)	34	病院認定合同委員会	
転換反応 (conversion reaction, 転換神経症)	31	(joint commission on accreditation of hospital)	54
転換ヒステリー (conversion hysteria)	31	病因論 (etiology)	61
統合医学 (holistic medicine)	27	表現の仕方，言語を用いた様式 (verbal communication)	108
同情 (sympathy)	111, 195	表現の仕方，身体言語を用いた様式 (non-verbal communication)	108
特定機能病院	23	病棟管理	147, 148, 153
特定疾患医療	88	病名告知	186
		病名統一	187

な 行

		病歴 (history, clinical history)	127
日本医療社会事業家協会	51	不安 (anxiety)	124, 125, 140
日本医療社会事業協会	51	不安反応 (anxiety reaction, 不安神経症)	31
日本国憲法第二十五条	3		
入所施設の選択	200	フィードバック (feedback)	107, 129
人間関係調整 (environmental manipulation)	121	服薬管理	62
人間関係調整技能 (skill in relations)	5	フロイト，自我 (ego) 理論	6
人間関係に関する学問 (the science of human relation)	5	プロブレム・オリエンテッド (problem oriented)	112
年金保険	68	防衛機制 (defensive mechanism)	82, 196
ノイローゼ (Neurose)	31	法制度利用援助の留意点	92
脳血管障害 (cerebrovascular accident, CVA)	154	保険事故	66, 67
農林漁業団体職員共済組合	67	保険事故，医療事故	67
ノン・ボランタリー (non voluntary)	128, 130	保険事故，死亡事故	68
		保険事故，障害事故	68
		保険事故，分娩事故	68
		保険事故，老齢事故	68

は 行

		歩行訓練	159
バイステックのケースワークの原則	103	保護の補足性	81
バウワーズの定義	5	母子及び寡婦福祉法	80
博愛事業 (philanthropy)	13	母子保健法	80, 86
パラ・メディカルズ (para-medicals)	19	ホスピス	56
パラノイア (paranoia)	33	ホメオスターシス (homeostasis)	16, 17
パラノイド反応 (paranoid reaction, パラノイア, 偏執狂)	32, 33	ボランタリー (voluntary)	128
PSW (精神医学ソーシャルワーク)	60	ポリサージャリー (polysurgery)	143

ま 行

PT (理学療法士)	20	マルクス主義 (marxism)	40, 41, 42, 48
ヒステリー	31	マルクス理論	40
秘密	103, 195	三つのD (Destitution, Disease,	
非審判的態度 (the nonjudgmental attitude)	112		

Delinquency）	2
民間療法	179
民生委員法	80
ムンテラ（Mundtherapie）	127
名称独占	10
面接（interviewing）	102
面接者（interviewer）	109
面接を受ける人（interviewee）	109
問題志向方式（problem oriented system, POS）	197

や 行

薬物嗜癖	34
薬物中毒	34
役割取得（role taking）	47, 48, 117
養育医療	86
陽性転移	109
抑うつ反応（depressive reaction, 抑うつ神経症）	31, 32
予診（anamnesis, Anamnese）	127
欲求（needs）	108

ら 行

ランク（Otto Rank）の意思（will）理論	6
リエゾン（liaison）	99, 125, 143, 172
理学療法士（physical therapist, PT）	20
リハビリテーション	154
リハビリテーション病院	56
療養型病床群	23
療養費立替制度	161
臨死期（terminal stage）	19
臨床心理士（clinical psychologist）	21
老人性痴呆症	34
老人病院	63
老人福祉法	80
老人保健制度（老人保健法）	79
労働者災害補償保険法	67

欧文索引

A

acceptance	103, 112, 117
accreditation manual for hospital	54
acute myeloblastic leukemia (AML)	170
affective reaction	32
agression	160
agressive	160
amateur	81
american psychiatric association (APA)	30
AML (acute myeloblastic leukemia)	170
anal phase	116
Anamnese (独)	127
anamnesis	127
anorexia nervosa	30
anxiety reaction	31
APA (American Psychiatric Association)	30, 31, 32
applicant	82, 99
application	82
apriori	40
art	4
association	143
Aufheben (独)	12

B

body language	107, 108

C

care	19
casework relationship	46, 195
catharsis	108
cerebrovascular accident (CVA)	154
charity	13, 43, 98
charitity organization society (COS)	6
chief complaint (CC)	127
client	83, 98
client centered	112
client self-determination	103
clinical history	127
clinical psychologist	48
co	19
co-medical professionals	20, 183
co-medical technicians	20, 58
co-medicals	19, 20
communism	41
community work	5
comprehensive medicine	27
compulsive	32
confidentiality	103, 117
consultation-liaison psychiatry	28
controlled emotional involvement	103, 117
conversion reaction	31
corrective emotional experience	114
COS (charity organization society)	6, 98
counseling	45
counter transference	110
CT	20, 140
cure	18, 56

D

defensive mechanism	82, 128, 196
delinquency	2, 193
democracy	41
dependence	98
depressive reaction	31
destitution	2
diagnostic (Freudian) approach	6
DIC (disseminated intravascular	

coagulation)	157	independence	98
disease	2, 193	individual	42
displacement	82	individualism	41
disseminated intravascular coagulation (DIC)	157	individualization	103, 117
		intake interview	58, 126
dissociative reaction	31	interpretation	54
doctor-patient relationship	29	interviewee	109
dying patient	187, 191	interviewer	109
		interviewing	102
		IQ	124

E

ego	6
emotional	96
environmental manipulation	6, 58, 121
epilepsy	25, 34
etiology	61

J

joint commission on accreditation of hospital　54

K

key person　121

F

family history (FH)	127
fascism	41
feedback	107
free association	109
Freiberuf (独)	11
functional (Rankian) approach	6

L

liaison	83, 172
liberalism	41

M

major profession	11
masked depression	33
medical social work	51
methodology	4
minor profession	11
mitral stenosis (MS)	38
MRI	20, 140
MSW	183
multiple sclerosis (MS)	38
Mundtherapie (独)	127

G

general hospital	34
generic social work	8
generic social worker	193
Gesellschaft (独)	143
GHQ	7
give and take	115, 116

H

history	127
holistic medicine	27
homeostasis	17

N

nationalism	41
natural science	40
needs	108, 118
negative	107
neurology	25
Neurose (独)	31
neurosis	31, 197
neutral	110

I

IDC	26
IDC 9	26
IDC 10	33, 61
idleness	2
ignorance	2, 193

non-verbal communication 107, 108
non-voluntary 128

O
obsessive 32
obsessive-compulsive reaction 31
occupation 11
occupational therapist (OT) 20
oedipal phase 116
oral phase 115
OT (occupational therapist)
　　20, 60, 155, 161, 164, 166, 167

P
pantheism 12
para 19
para-medicals 19
paranoia 33
paranoid personality 33
paranoid reaction 32
partialization 29
past history (PH) 127
patient as a total 27
personal 37, 42, 43, 128, 172
personal history 127
personality disorders 33, 34
philanthropy 13
Philosophie (独) 43
philosophy 4
phobic reaction 31
physical therapist (PT) 20
polysurgery 143
POS (problem oriented system)
　　197, 202
positive 107
present illness (PI) 127
principle 54
problem oriented 112
problem oriented system (POS) 197
profession 11
professional 32, 81
PSW 60, 183
psychiatric nurse 60

psychiatric social work 60
psychiatrist 60, 172
psychoanalysis 45
psychoanalyst 110
psychologist 172
psychophysiologic autonomic visceral disorders 30
psychophysiologic cardiovascular reaction 30
psychophysiologic endocrine reaction 30
psychophysiologic gastrointestinal reaction 30
psychophysiologic genito-urinary reaction 30
psychophysiologic hemic and limphatic reaction 30
psychophysiologic musculoskeletal reaction 30
psychophysiologic nervous system reaction 30
psychophysiologic respiratory reaction 30
psychophysiologic skin reaction 30
psychosis 197
psychosomatic disease 29
psychosomatic disorders 29
psychosomatic medicine 27, 28
psychotherapy 45
psychotic disorders 32
PT (physical therapist)
　　20, 60, 155, 156, 158, 159, 161, 164
purposeful expression of feeling
　　103, 117

R
rapport 105
reconstructive therapies 6
referral 83, 199
regression 150
rehabilitation 154
remission 19, 56, 169
role taking 47, 115

S

schizophrenia	176
schizophrenic reaction	32
self determination	118, 165
service	12
social	43, 172
social casework	5, 45
social diagnosis	127
social group work	5
social science	40
social skills training	62, 65, 142
social treatment	127
social welfare	2
social work	4, 43
social work services	54
specialist	10
specific social work	8, 46, 193
speech therapist (ST)	20
squalor	2
ST (speech therapist)	20, 60, 155, 161, 166
standard	54
sublimation	97
sub-medicals	183
supportive therapies	6

T

take	115
technical term	198
technique	4
terminal stage	19, 184
the nonjudgmental attitude	103, 112, 117
theoretical framework	6
totalitarism	41
transference	109, 111

V

verbal communication	107, 108
volantary	128

W

want	2
Weltanschauung (独)	43
will	6
will therapy	7

著者略歴

山川　哲也（やまかわ　てつや）
1930年　長崎県に生まれる
1953年　同志社大学文学部社会学科卒業
　　　　（社会福祉学専攻）
1956年　財団法人厚生団(現厚生年金事業振興団)
　　　　九州厚生年金病院ソーシャルワーカー
1971年　同病院、医療社会事業部長就任
1990年　同病院、定年退職
1995年　西南女学院大学助教授
1998年　西南女学院大学教授
2000年　同大学、定年退職
共著書　「コンサルテーション・リエゾンの実際」(岩崎学術出版社，
　　　　1992)，「福祉実習ハンドブック」(中央法規出版，1993)
著　書　「臨床医療ソーシャルワーク・マニュアル」(誠信書房，
　　　　1994)

臨床医療ソーシャルワーク［第2版］

1991年11月25日　初　版第1刷発行
1998年4月1日　　初　版第7刷発行
2000年3月30日　第2版第1刷発行
2003年2月20日　第2版第3刷発行

定価はカバーに
表示してあります

著　者　山　川　哲　也
発行者　柴　田　淑　子
印刷者　井　川　高　博

発行所　株式会社　誠　信　書　房
〒112-0012　東京都文京区大塚 3-20-6
　　　　　　電話　03(3946)5666　(代)
　　　　　　振替口座　00140-0-10295

新興印刷・協栄製本　　落丁・乱丁本はお取り替えいたします
検印省略　　無断で本書の一部または全部の複写・複製を禁じます
©Tetsuya Yamakawa, 1991, 2000　　　　Printed in Japan
ISBN4-414-60128-2　C3036

岡村重夫 著
ケースワーク記録法

●その原則と応用 ケースワークの技術が普及している割には、ケース記録法の基本的な知識や技術が案外無視されている。専門的職業と事務的能率をいかに調和させ、両立させるか、本書は提案し詳細に検討した。

太田義弘 著
ソーシャル・ワーク実践とエコシステム

SW実践の重要な課題である援助過程を科学的に考察し、その過程でハード福祉改革の重要性に対応して、援助というソフト福祉の実践活動の再考と活性化を展開し、エコシステム構想理論と実践の開発を目指した。

山川哲也 著
臨床医療ソーシャルワーク・マニュアル

「医療の分野でのソーシャルワークとは何か」をテーマとして、Q&A形式、図表、用語解説など、随所に工夫を凝らし、わかりやすい構成でポイントを簡潔にまとめた。前著『臨床医療ソーシャルワーク』姉妹作。

副田あけみ・古川孝順 編
社会福祉士・精神保健福祉士ケアマネジャーになるために

資格を取って社会福祉関係の仕事をしようと考えている人のために、それぞれの資格の特徴や取得方法、就職先や仕事の内容などについて、体系的にわかりやすく解説。さらに、養成校一覧など役立つ情報を満載。

誠信書房